Demokratietheorien zur Einführung

Francis Cheneval

Demokratietheorien zur Einführung

JUNIUS

Junius Verlag GmbH
Stresemannstraße 375
22761 Hamburg
www.junius-verlag.de

Umschlaggestaltung: Florian Zietz
Titelbild: commons.wikimedia.org/wiki/
File:Landsgemeinde_Glarus_2006
German Wikipedia, photograph by Adrian Sulc
Satz: Junius Verlag GmbH
Printed in the EU 2015
ISBN 978-3-88506-701-6

Bibliografische Information der Deutschen Nationalbibliothek
Die Deutsche Nationalbibliothek verzeichnet diese Publikation in der Deutschen Nationalbibliografie; detaillierte bibliografische Daten sind im Internet über http://dnb.d-nb.de abrufbar.

Zur Einführung …

… hat diese Taschenbuchreihe seit ihrer Gründung 1977 gedient. Zunächst als sozialistische Initiative gestartet, die philosophisches Wissen allgemein zugänglich machen und so den Marsch durch die Institutionen theoretisch ausrüsten sollte, wurden die Bände in den achtziger Jahren zu einem verlässlichen Leitfaden durch das Labyrinth der neuen Unübersichtlichkeit. Mit der Kombination von Wissensvermittlung und kritischer Analyse haben die Junius-Bände stilbildend gewirkt.

Seit den neunziger Jahren reformierten sich Teile der Geisteswissenschaften als Kulturwissenschaften und brachten neue Fächer und Schwerpunkte wie Medienwissenschaften, Wissenschaftsgeschichte oder Bildwissenschaften hervor. Auch im Verhältnis zu den Naturwissenschaften sahen sich die traditionellen Kernfächer der Geisteswissenschaften neuen Herausforderungen ausgesetzt. Diesen Veränderungen trug eine Neuausrichtung der Junius-Reihe Rechnung, die seit 2003 von der verstorbenen Cornelia Vismann und zwei der Unterzeichnenden (M.H. und D.T.) verantwortet wurde.

Ein Jahrzehnt später erweisen sich die Kulturwissenschaften eher als notwendige Erweiterung denn als Neubegründung der Geisteswissenschaften. In den Fokus sind neue, nicht zuletzt politik- und sozialwissenschaftliche Fragen gerückt, die sich produktiv mit den geistes- und kulturwissenschaftlichen Problemstellungen vermengt haben. So scheint eine erneute Inventur der Reihe sinnvoll, deren Aufgabe unverändert darin besteht, kompetent und anschaulich zu vermitteln, was kritisches Denken und Forschen jenseits naturwissenschaftlicher Zugänge heute zu leisten vermag.

Zur Einführung ist für Leute geschrieben, denen daran gelegen ist, sich über bekannte und manchmal weniger bekannte Autor(inn)en und Themen zu orientieren. Sie wollen klassische Fragen in neuem Licht und neue Forschungsfelder in gültiger Form dargestellt sehen.

Zur Einführung ist von Leuten geschrieben, die nicht nur einen souveränen Überblick geben, sondern ihren eigenen Standpunkt markieren. Vermittlung heißt nicht Verwässerung, Repräsentativität nicht Vollständigkeit. Die Autorinnen und Autoren der Reihe haben eine eigene Perspektive auf ihren Gegenstand, und ihre Handschrift ist in den einzelnen Bänden deutlich erkennbar.

Zur Einführung ist in der Hinsicht traditionell, dass es den Stärken des gedruckten Buchs – die Darstellung baut auf Übersichtlichkeit, Sorgfalt und reflexive Distanz, das Medium auf Handhabbarkeit und Haltbarkeit – auch in Zeiten liquider Netzpublikationen vertraut.

Zur Einführung bleibt seinem ursprünglichen Konzept treu, indem es die Zirkulation von Ideen, Erkenntnissen und Wissen befördert.

Michael Hagner
Ina Kerner
Dieter Thomä

Inhalt

Anhang

1. Was ist Demokratie und warum soll es sie geben?

1.1 Das Anliegen der Demokratie

In seiner Autobiografie *Der lange Weg zur Freiheit* beschreibt Nelson Mandela (Mandela 1994: 35 f.) die Entscheidungsfindung im Thembu-Volk während seiner Jugend:

»Es sprach jeder, der sprechen wollte. Es war Demokratie in ihrer reinsten Form. Unter den Rednern mag es zwar eine Hierarchie geben, was die Bedeutung der einzelnen betrifft, doch wurde jeder angehört, ob Häuptling oder einfacher Mann, Krieger oder Medizinmann, Ladenbesitzer oder Farmer, Landbesitzer oder Arbeiter. Die Leute sprachen ohne Unterbrechung, und die Treffen dauerten viele Stunden. Grundlage der Selbstregierung war, dass alle Männer ihre Meinungen offen vortragen konnten und in ihrem Wert als Bürger alle gleich waren. (Frauen wurden bedauerlicherweise als Bürger zweiter Klasse eingestuft.)«

Im Urteil Nelson Mandelas zeichnete sich seine afrikanische Volksgruppe durch demokratische Strukturen aus. Das mag überraschen, aber man erkennt in Mandelas Beschreibung unschwer das Anliegen der Demokratie: Allgemein bindende Entscheidungen werden unter Berücksichtigung der frei geäußerten Stimme aller als politisch gleich betrachteten Mitglieder gefällt. Demokratie bedeutet für Mandela nicht die Einebnung aller sozialen Unterschiede, aber das verbindliche gemeinsame Handeln soll in freier Meinungsäußerung, durch breite Anhörung der Standpunkte und unter Anerkennung der Gleichheit im Wert als Mitglied der Gemeinschaft sowie durch das Austarieren der divergierenden Interessen zustande kommen. Es ist bei Mandela nicht von der modernen Infrastruktur der Demokratie in großen, pluralistischen Industriegesellschaften die Rede: Er spricht nicht von Wahlen, Wahlbezirken, Parlamenten, Koalitionen, Parteienfinanzierung, Gewaltenteilung, Zivilgesellschaft, transparentem und fairem politischem Wettbewerb zwischen Parteien und nicht von Abstimmungen nach dem Mehrheitsprinzip. Die Demokratie, von der Nelson Mandela spricht, hat den Charakter einer inklusiven gesellschaftlichen Beratschlagung. Das Anliegen der Demokratie, alle Mitglieder und ihre Präferenzen in kollektiv bindende Entscheidungen einzubeziehen, wird im Thembu-Volk im Rahmen einer übersichtlichen und homogenen Gemeinschaft eingelöst. Ein entscheidender Unterschied zur Demokratie von heute besteht – wie Mandela selbst bemerkt – in der Stellung der Frau. Doch auch in den Demokratien der restlichen Welt ist die politische Gleichstellung der Frau eine relativ junge, hart erkämpfte und unabgeschlossene Errungenschaft. Zu der Zeit, als Mandela seine Zeilen schrieb, war die politische oder gar gesellschaftliche Gleichstellung der Frau in vielen europäischen Staaten so wenig eine Realität wie im Thembu-Volk.

Demokratie und Grundbedingungen politischen Handelns. Drei weitere Elemente des Kernanliegens der Demokratie werden von Mandela vorausgesetzt. Erstens geht er davon aus, dass es eine Grundbedingung des politischen Prozesses gibt: Gruppen stehen oft unter dem Zwang, kollektive Entscheidungen zu treffen, obschon keine Einigkeit herrscht oder sich die Mitglieder über die Richtigkeit der Entscheide noch nicht klar geworden sind. Die Demokratie antwortet auf diese politische Grundbedingung mit der von Mandela erwähnten Auflage, dass es bei solcher Uneinigkeit oder Unwissenheit im Prinzip keine Einzelposition gibt, die von vornherein mehr gewichtet werden sollte als eine jede andere. Die Demokratie geht nicht davon aus, Uneinigkeit vollständig zu überwinden, gründet aber auf dem Prinzip, dass nur diejenige kollektive Einzelentscheidung legitim ist, die unter Anhörung und begründeter Gewichtung der Beiträge möglichst aller Mitglieder des Gemeinwesens zustande kommt. Da alles menschliche Entscheiden unter der Bedingung von begrenzter Information, Irrtumsanfälligkeit und konstantem Wandel stattfindet, steht Demokratie auch für die periodische Revidierbarkeit der Entscheidungen auf der Grundlage aktualisierter Diskussionen und Informationen. Das Abwägen der Positionen steht in der Demokratie, wie von Mandela beschrieben, nicht nur im Zeichen der allgemeinen Beteiligung, sondern auch des vernünftigen Austauschs. Das Vernunftprädikat verdient der Austausch nicht nur durch Revidierbarkeit der kollektiven Entscheidungen und die Einbeziehung aller sich äußernden Positionen, sondern auch durch die Kriterien der Begründung und Kohärenz der vorgeschlagenen Entscheidungen.

Auseinander gehen die Meinungen in der Demokratieforschung in Bezug auf ein weiteres Kriterium: die Umsetzbarkeit in der Praxis. Manche verteidigen den utopischen Gehalt politischer Auseinandersetzungen. Es gehört zu den politischen Grundbedingungen, dass diese selbst infrage gestellt und geändert werden können. Demokratische Politik sollte immer auch utopische Elemente haben (Negt 2012). Andere halten entgegen, dass demokratische Anliegen und Entscheidungen nur dann vernünftig sind, wenn sie auch in vorhersehbarer Weise umsetzbar sind (Weale 2007). Der demokratische Rechtsstaat vereinigt in der Regel beide Anliegen auf verschiedenen Ebenen: Ferne, bisher unerreichte und nicht unmittelbar umsetzbare Ziele, die aber als wünschenswert gelten, werden in Präambeln von Verfassungen oder Verfassungsgrundsätzen festgeschrieben, als Ideale, auf die hin sich eine Gesellschaft entwirft und entwickeln will. Gesetze hingegen müssen unmittelbar anwendbar und umsetzbar sein, wenn der Staat seine Glaubwürdigkeit nicht einbüßen will.

Um es auf den Punkt zu bringen: Demokratie antwortet ihrem Begriffe nach auf den Zwang zu kollektivem Handeln unter Bedingungen von Uneinigkeit mit den Kriterien der gleichen Beteiligung bei der Suche nach der Abgeltung der Interessen, der öffentlichen Prüfung der Wohlbegründetheit und internen Kohärenz der Argumente, der Umsetzbarkeit der kollektiv verbindlichen Entscheidungen sowie mit der vorher festgelegten periodischen Revision der Entscheidungen und Wahlen. In ihren ersten Prinzipien und Idealen ist aber eine Demokratie immer auch ein unabgeschlossenes moralisches Projekt, das in Spannung zu seinen tatsächlichen Errungenschaften steht.

Es gehört zur Demokratie, dass sie durch die allgemeine politische Beteiligung bei den Bürgern die subjektive Erwartung erzeugt, die eigene Meinung werde nicht nur angehört, sondern auch umgesetzt. Dies ist unter Bedingungen kollektiven Handelns im Dissens aber eine übertriebene Erwartung und ein Versprechen, das analytisch widersprüchlich ist. Bürgerbewusstsein in der Demokratie setzt deshalb die Einsicht voraus, dass Grund- und Menschenrechte zwar im Prinzip unbedingt eingefordert werden können, deren Konkretisierung aber der demokratischen Entscheidungsfindung obliegt, zu der es gehört, »die Kränkung darüber, dass wir weder allein auf der Welt noch wichtiger als die anderen sind«, hinzunehmen (Moellers 2008: 117).

Ziele und allgemeine Prinzipien. Die allgemeine Beteiligung und breite Deliberation sowie Anerkennung der Gleichheit der Mitglieder in den Entscheidungsprozessen sind nicht hinreichend, um das Anliegen und Versprechen der Demokratie zu bestimmen. Wenn Mandela für sein Volk in Anspruch nimmt, dass dort Demokratie praktiziert wurde, dann setzt er noch mehr voraus, von dem er nicht ausdrücklich spricht. Man stelle sich vor, dass sich in einer Terrororganisation alle Mitglieder als gleich anerkennen, dass sie ihre Entscheidungen sorgfältig und inklusiv deliberierend vorbereiten und dann nach dem Mehrheitsprinzip abstimmen, welchen tödlichen Anschlag sie durchführen werden. Es wäre sicher kontraintuitiv, dies als »demokratisch« zu bezeichnen. Aber aus welchem Grund, wenn doch die Kernanliegen der Demokratie in Form von Rechtsgleichheit der Mitglieder und partizipativer Entscheidungsfindung respektiert zu werden scheinen? Das Problem ist, dass eine offensichtlich unmoralische Handlung »demokratisch« legitimiert werden kann, wenn das demokratische Handeln selbst nicht höherstufigen moralischen Prinzipien unterstellt wird, die bestimmte kollektive Handlungen untersagen. Wenn hingegen keine übergeordneten Prinzipien ins Spiel gebracht würden, gäbe es keinen Grund, eine »demokratische« Terrororganisation als dieser Bezeichnung unwürdig zu betrachten.

Es springt ins Auge, dass diese normativen Prinzipien nicht nur die Mitglieder betreffen, sondern Nicht-Mitglieder in qualifizierter Weise miteinbeziehen. Sonst dürfte die »Terrorbande« gegen Nicht-Mitglieder unter dem Begriff demokratischer Legitimität alles tun, solange sie dies intern demokratisch absegnet. Aus diesem Grund unterliegt der normativen Theorie der Demokratie selbst noch eine nicht im engeren Sinn die Demokratie betreffende normative Struktur, die das demokratische Handeln in die Schranken von allgemeinen Rechtsprinzipien sowie Grund- und Menschenrechten fasst und die Demokratie als eine konstitutionell bestimmte und begrenzte begreift. So gibt sich ein demokratischer Rechtsstaat die Regeln, den Frieden zu fördern, grundlegende Richtlinien der Nicht-Diskriminierung einzuhalten und die Menschenrechte zu respektieren. All diese Elemente gehören im weiteren Sinn zu den Normen der Demokratie, sie werden von Mandela nicht erwähnt, aber vorausgesetzt. Eine demokratische Gemeinschaft, die ihr kollektives Handeln nicht nach diesen normativen Grundsätzen ausrichtet, ist von der Verbrecherorganisation nicht unterscheidbar. Die demokratische Gemeinschaft, die sich von einer Verbrecherbande von Gleichen durch höhere normative Ansprüche unterscheiden will, muss auf rechtsförmig implementierten moralischen Prinzipien und Rechten von Mitgliedern und Nicht-Mitgliedern beruhen.

Das Subjekt der Demokratie. Ein weiteres in Mandelas Beschreibung nur implizit enthaltenes Element der Demokratie betrifft das Subjekt der kollektiven Entscheidungsfindung und Durchsetzung. Im Prinzip ist das oben bestimmte Anliegen der Demokratie auf jede Gruppe von Menschen anwendbar, die gemeinsam entscheidet und handelt. Im Fall Mandelas ist es ein afrikanisches Volk. Ein Verein, eine Kooperative, eine Gewerkschaft, ein religiöser Orden, etc. – all diese Gruppen können demokratisch handeln, indem sie für die Bestimmung der Grundregeln alle Mitglieder als gleich betrachten, anhören, mitentscheiden lassen. Demokratie steht für ein Anliegen, das im Grunde auf alle menschlichen Assoziationen angewendet werden kann. Es gibt diesen im weiteren Sinn sozialen Demokratiebegriff, und das Adjektiv »demokratisch« kann auf Entscheidungsprozesse in sozialen Gruppen bezogen werden. Demokratie wird dann zu einem Strukturmerkmal von sozialen Formen des Entscheidens und Handelns verschiedenster Bereiche des menschlichen Zusammenlebens. Sie ist eine Kurzformel für eine partizipative und egalitäre Lebensform.

Demokratie bedeutet aber wörtlich Volksherrschaft. Im engeren Sinn unterliegt dem Gedanken der Demokratie also der Begriff des *dêmos*, des politischen Volkes. Die verhandelten und verabschiedeten Normen sind nicht einfach Satzungen von gesellschaftlichen Gruppen, sondern es sind allgemein verbindliche Gesetze, die für alle Gruppen und Individuen gelten. Die gleich gestellten Mitglieder sind in diesem Demokratiebegriff die Bürgerinnen und Bürger eines politischen Volkes, und ihre rechtliche und politische Gleichheit und ihre korrelativen Rechte und Pflichten sind durch die Hoheitsrechte der jeweiligen politischen Gemeinschaft garantiert und gegründet. Das politische Volk ist eine in bestimmter Weise qualifizierte soziale Gruppe. Es ist Quelle der Kompetenz von Rechtsetzung und Rechtsanwendung. Demokratie bedeutet in diesem engeren und eigentlichen Sinn also das allgemein verbindliche Handeln des politischen Volkes als Gemeinschaft der Bürgerinnen und Bürger mit eigenem Territorium.

Dieses politische Volk als Subjekt der Demokratie ist in einem ganz grundsätzlichen Sinn wichtig für die Stiftung politischer Legitimität. Nehmen wir in einem Gedankenexperiment an, die Staatschefs der USA, Kanadas und aller westeuropäischer Staaten würden einen internationalen Vertrag schließen, der eine transatlantische Union begründet. Sie würden diese Union mit einem direkt zu wählenden Parlament, einer zweiten Kammer mit Vertretung der Staaten und einem unabhängigen Gerichtshof ausstatten und den international anerkannten menschenrechtlichen Normen unterstellen. Sogar Volksabstimmungen wären im Vertrag vorgesehen. Die Bürger der Mitgliedstaaten würden automatisch auch als Bürger der transatlantischen Union betrachtet. Formal gesehen würde diese transatlantische Union über alle für eine moderne Demokratie notwendigen Institutionen und Verfahren verfügen. Wäre sie demokratisch? Zur Illustration des Problems noch ein anderes, von Joseph Weiler (Weiler 1995) inspiriertes Beispiel: Angenommen, man würde das dänische Parlament auflösen und seine Kompetenzen auf das deutsche Parlament übertragen, den Dänen aber das Recht geben, sich an den Wahlen des deutschen Parlaments zu beteiligen. Das gleiche Recht aller Bürger auf demokratische Beteiligung und die entsprechende Institution würde also bestehen bleiben. Wäre dies demokratisch?

Die in den zwei Beispielen gestellte Frage muss dann bejaht werden, wenn nicht davon ausgegangen wird, dass Demokratie vom Zugehörigkeitswillen der Bürgerinnen und Bürger zu einem politisch verfassten Volk abhängig ist. Die Bürgerinnen und Bürger sollen nicht irgendwelchen gerechten politischen Institutionen unterworfen sein, sondern solchen, die sie als ihre eigenen anerkennen. Wenn davon ausgegangen wird, dass es für die Demokratie grundlegend ist, dass die Bürgerinnen und Bürger die jeweiligen Institutionen auch als die eigenen anerkennen, genügt es nicht, wenn bestimmte demokratische oder allgemein egalitaristische Einrichtungen existieren. Das politische Volk ist das den Institutionen unterliegende, von den Bürgerinnen und Bürgern kollektiv konstituierte Subjekt. Wenn die Staatschefs in unserem Beispiel ihre Bürgerinnen und Bürger nicht befragen, ob sie einer transatlantischen Union angehören oder von Dänen zu Deutschen werden und wichtige Kompetenzen vom eigenen Staatsvolk auf das neue Staatsvolk übertragen wollen, dann ist dies gemäß einem demos-zentrierten Begriff der Demokratie nicht demokratisch, auch wenn alle Institutionen der Demokratie und des Rechtsstaates gewahrt bleiben. Das Volk oder die das Volk konstituierenden Verfahren sind die Legitimationsquelle demokratischer Institutionen. »Wir, das Volk« ist die Urformel der Demokratie. Normative Grundnormen, wie die Menschenrechte, haben also nicht eine konstituierende, sondern eine bestätigende und korrektive, im Extremfall annullierende Funktion demokratisch legitimierter Entscheidungen. Höherstufige Normen der Gleichbehandlung und Menschenrechte allein konstituieren kein politisches Volk, wenn aber die Institutionen eines politischen Volkes die Menschenrechte systematisch verletzen, verliert es dadurch seine Anerkennungswürdigkeit als demokratische Gemeinschaft.

1.2 Definitionen von Demokratie – elementare Demokratiemodelle

Demokratie ist ein »interpretativer Begriff« (Dworkin 1998: 45–86). Das heißt, dass die Suche nach der Definition immer schon eine Debatte darüber ist, was der Begriff bedeuten *sollte*, welches die notwendigen und welches die hinreichenden Elemente sind. Nicht ohne Ironie könnte man mit Michael Saward (Saward 2003: vi) feststellen, dass Demokratie im Grunde die offene Debatte über die Bedeutung von »Demokratie« ist. Falls wir wissen wollen, wo auf dem Globus es Demokratie gibt, können wir davon ausgehen, dass sie genau dort anzutreffen ist, wo über die Bedeutung und Gestaltung von Demokratie offen gestritten wird. Trotzdem gelten Ziele des Definierens: Sinn, Genauigkeit, Unterscheidbarkeit. Das Bedeutungsfeld von Demokratie kann also mehr oder weniger sinnvoll eingegrenzt werden. Die Demokratie ist nichts Dingliches, und eine Definition ist kein Aussagesatz, sondern nur eine Begriffsbestimmung, die zu klären hilft, wovon die Rede ist. »Demokratie« ist die Bezeichnung eines Bündels von Eigenschaften von Gruppenentscheidungen, Verfahren, gesellschaftlichen Verhältnissen, Institutionen, Staaten, etc. Eine genauere Bestimmung dessen, was Demokratie bedeutet, wird deshalb zunächst nicht durch das Substantiv »Demokratie«, sondern durch das Adjektiv »demokratisch« in den Blick genommen. Dabei können aufgrund der bisher gemachten einführenden Bemerkungen mindestens drei Bedeutungsfelder unterschieden werden:

> *demokratisch$_1$*: bezeichnet Entscheidungsverfahren von Gruppen, bei denen alle als statusgleich betrachteten Mitglieder das Recht haben, sich zu beteiligen
>
> *demokratisch$_2$*: bezeichnet Entscheidungsverfahren des politischen Volkes, bei denen alle Bürgerinnen und Bürger das Recht haben, sich an der Gestaltung des gemeinsamen Handelns zu beteiligen und die Ausübung der politischen Autorität zu kontrollieren
>
> *demokratisch$_3$*: bezeichnet allgemein die normativen Ideale einer gesellschaftlichen Lebensform, die egalitär, inklusiv, deliberativ, transparent, frei von Unterdrückung und Ausbeutung, fair, etc. ist

Die Definition von »Demokratie« ist also äußerst vielfältig. Es wäre ein Irrtum zu glauben, dass nur eine davon die wahre ist. Dennoch gibt es Elemente, die nicht fehlen dürfen, wenn Sinn, Genauigkeit und Unterscheidbarkeit des Begriffs nicht verloren gehen sollen. Der Kerngehalt des Adjektivs »demokratisch« kann als »statusgleich betrachtete Mitglieder in kollektiven Entscheidungsverfahren einbeziehend« bestimmt werden. Das Adjektiv »demokratisch« kann in dieser Bedeutung auf Staaten und zivile Organisationen angewendet werden. Entsprechend gibt es ein Spektrum von zwei Typen der Definitionen von Demokratie, eine allgemein gesellschaftliche, prozedurale einerseits (demokratisch$_1$) und eine genuin politische, staatsbezogene andererseits (demokratisch$_2$). Drittens gibt es eine sehr allgemeine Bedeutung, die weder in Bezug auf die Gruppe noch in Bezug auf die Verfahren oder Prinzipien besonders präzise ist und ein Bündel allgemeiner normativer Ideale der Gesellschaft bezeichnet (demokratisch$_3$). In diesem Band interessiert vor allem die staatliche und in diesem Sinn politische Bedeutung von »demokratisch« und ihr notwendiger oder möglicher Bezug zu allgemeinen normativen Prinzipien.

Im Kerngehalt der Demokratie angelegt ist eine Ambivalenz, die sich auf das weitere Verständnis des Begriffs auswirkt. Vor allem betrifft dies das Aggregat der individuellen Stimmen zu einer kollektiven Entscheidung und zur Kontrolle der Regierung. Diese vollzieht sich meist noch unter Zusatz einer Entscheidungsregel (z.B. Mehrheitsprinzip, Konsensprinzip). Die folgende Definition betont das Verfahren (Input/Throughput). Beispiel:

> *Demokratie ist das Festlegen allgemein verbindlicher Regeln oder Maßnahmen nach dem Mehrheitsprinzip (Konsensprinzip, etc.), wobei die Stimme aller Mitglieder gehört und gezählt wird.*

Es kann aber auch der Aspekt der Prinzipien, Grundrechte und Werte, die über die prozeduralen Rechte der Mitglieder im Entscheidungsverfahren hinausgehen, hervorgehoben werden. Diese Definition ist ergebnisorientiert. Beispiel:

> *Demokratie ist das Regierungssystem, in dem Prinzipien der Gerechtigkeit (z. B. Nicht-Diskriminierung, Chancengleichheit, etc.), individuelle Grundrechte (z. B. Meinungsäußerungsfreiheit, Recht auf Privatsphäre, Recht auf soziale Grundversorgung, Wirtschaftsfreiheit, Eigentumsrechte) und allgemeine Werte des Zusammenlebens (z. B. Solidarität, Toleranz, Achtung der Menschenwürde, besondere Unterstützung der Schwächsten, etc.) verwirklicht werden.*

Demokratie kann entweder verfahrens- oder ergebnisorientiert verstanden werden. Das Problem mit dem ergebnisorientierten Modell ist, dass es mit großer Geste vieles unter ein Ideal zusammenfasst, das unter Umständen begrifflich widersprüchlich ist oder sich in der Praxis oft nicht ohne gegenläufige Folgen verwirklichen lässt. Das Austarieren der miteinander im Konflikt stehenden Ziele ist in der Demokratie letzten Endes doch den entsprechenden Beratschlagungs- und Entscheidungsverfahren anheimgestellt, was zur Folge hat, dass sich der bescheidenere, prozedurale Demokratiebegriff als der grundsätzliche erweist. Diese theoretische Annahme wird in diesem Band an verschiedenen Stellen noch weiter ausgeführt werden. Einstweilen sei bemerkt: Es macht einen Unterschied, ob die Demokratie begrifflich nur auf Beteiligung und Entscheidungsverfahren beschränkt oder ob diese ihrerseits auf bestimmte, zu erzielende Ergebnisse ausgerichtet werden.

In einer anderen Definitionsvariante wird sowohl der Verfahrensaspekt als auch ein darüber hinausgehender Gehalt der nicht zu verletzenden Normen weggelassen. Dann gelten auch autoritär-kollektivistische Regierungsformen als demokratisch, begriffsbestimmend ist nur eine durch kein Verfahren mit individueller Beteiligung vermittelte Berufung auf das Volk. Beispiel:

Demokratie ist die Regierung des Volkes.

Das Ausbuchstabieren dieser Nominaldefinition hängt von der weiteren Bestimmung ab, ob und wie das Volk ohne individuelle Beteiligungsverfahren als Subjekt verstanden werden und herrschen kann. Davon wird in einem separaten Kapitel die Rede sein. Hier sei nur erwähnt, dass manche Demokratietheorien dem Volk einen von den Individualrechten und Entscheidungsverfahren unabhängigen, übergeordneten Wert als Kollektiv zuerkennen. So wird zum Beispiel Jean-Jacques Rousseaus berühmte Lehre der »volonté générale« (Allgemeinwillen) als »demokratischer Absolutismus« interpretiert (Brant/Herb 2012: 56). Wird diese Lehre verkürzt rezipiert, können Einzelne oder Gruppen verfahrensunabhängig, also ohne freie und gleiche Befragung der Bürger, für sich in Anspruch nehmen, das Volk zu verkörpern oder zu vertreten. Die so verstandene Definitionsvariante erklärt, unter welchen begrifflichen Bedingungen Demokratie auch auf kollektivistische und absolutistische Regierungssysteme angewendet werden kann. Dasselbe gilt für ein rein ergebnisbasiertes Demokratieverständnis als Herrschaft für das Volk.

Manche Definitionen der Demokratie streben eine Vereinigung der bisher genannten Elemente an. Eine die Legitimationsquelle (Input), Entscheidungsregeln (Throughput) und zu erzielenden Resultate (Output) beinhaltende Bezeichnung der demokratischen Regierungsform ist diejenige des US-amerikanischen Präsidenten Abraham Lincoln aus seiner Rede in Gettysburg vom 19. November 1863:

(Demokratie ist) Regierung des Volkes, durch das Volk, für das Volk.

Lincoln verwendete den Satzteil nicht als Definition, sondern er sagte emphatisch, dass die von ihm mit diesen Worten charakterisierte Regierungsform niemals untergehen soll. Die genannte Bezeichnung der Demokratie ist formal. Sie bestimmt nicht, wie sich die Elemente konkret verwirklichen und durch welche Indikatoren sie sich evaluieren lassen. Ihre Durchschlagskraft und ihr Erfolg bestehen darin, dass sie Engführungen der Demokratie auf die vermeintlich alles überstrahlende Legitimationsquelle Volk, auf die Verfahren oder auf die Resultate verhindert und damit auch anzeigt, dass Demokratie ein aus potenziell gegenläufigen Elementen zusammengesetzter Begriff ist. Das Stimmvolk oder Parlament kann Dinge entscheiden, die für es selbst und andere schädlich sind, auch wenn es alle Bürger an den Entscheidungen oder Wahlen beteiligt. Das Stimmvolk oder Parlament kann Dinge entscheiden, die das Recht des Einzelnen unzulässig einschränken, auch wenn sich alle fair beteiligen können und die Mehrheitsregel gilt. Die Verfahren und die Resultate können undemokratisch sein, auch wenn sie in sich korrekt angewendet werden und vernünftig begründbar sind, weil sie auf das Zusammengehörigkeitsgefühl der Bürger keine Acht geben und sich über die Köpfe von konstituierten Völkern hinwegsetzen.

1.3 Instrumentelle und intrinsische Gründe, Demokratie zu bevorzugen

Die Frage nach den Vor- und Nachteilen der Demokratie führt zur grundlegenderen Frage nach den erwünschten Zwecken von Regierungssystemen. Die Demokratie wird oft mit dem Argument begründet, dass sie mehr öffentliche Güter produziert und die folgenden Zwecke insgesamt besser erfüllt als andere Systeme: 1) Menschenwürde, Freiheit, Autonomie; 2) Gleichheit; 3) wirtschaftliches Wachstum, Wohlfahrt; 4) Frieden, Sicherheit. Diese ergebnisorientierten Thesen haben ein methodisches Problem der Messung. Einerseits obliegt es nämlich gemäß Demokratiebegriff den demokratischen Verfahren festzulegen, was eine Gesellschaft genau unter Menschenwürde, Freiheit, Autonomie, Gleichheit, Sicherheit, etc. versteht und welche Regulierungen zur Beförderung dieser Ziele notwendig sind. Andererseits muss die Sozialwissenschaft, wenn sie untersuchen will, ob und wie Demokratie diese Ziele befördert, in »undemokratischer« Weise von bereits objektiv feststehenden, von den Verfahrensergebnissen unabhängigen Indikatoren für diese Ziele ausgehen. Diese Schwierigkeit ist kein Grund, von solchen Evaluationen der Leistung der Demokratie oder gar von einem Ranking der demokratischen Staaten abzusehen. Allerdings sollte man sich der methodischen Schwierigkeit bewusst sein. Wohlstand zum Beispiel bedeutet für eine pastorale Gesellschaft und ein indigenes Volk etwas anderes als für die Einwohner Manhattans, wobei auch Letztere sehr unterschiedliche Vorstellungen mit diesem Begriff verbinden. Der Vergleich beider Gesellschaften nach einem objektiven Wohlstandsindikator kann »undemokratisch« sein, wenn von der empirischen Erhebung von Daten zu einer interventionistischen Politikgestaltung übergegangen wird, die der autonomen Festlegung der Kriterien des Indikators in den Gesellschaften nicht mehr gerecht wird. Diese Problematik ist weniger virulent in Fällen, in denen es sich um rein negative Kriterien handelt (z.B. Frieden als Abwesenheit von militärischer Gewalt) oder wenn diese intrinsischer Natur sind (siehe unten unter 1 und 2).

Zu 1) Die These, der zufolge die Demokratie Menschenwürde, individuelle Freiheit und personale Autonomie im menschlichen Zusammenleben besser respektiert als andere Systeme, beruht erstens auf dem Argument, dass demokratische Entscheidungsfindungsprozesse notwendigerweise bestimmte individuelle Freiheiten voraussetzen (Dahl 1989: 88–91). Diese These deckt sich mit der Position, dass um der Demokratie willen Grundrechte als gesetzt betrachtet und der demokratischen Entscheidungsfindung entzogen werden müssen und dass dies für alternative Regierungssysteme nicht in der gleichen Weise gilt.[1] Ein demokratischer Prozess ist nicht möglich ohne Anerkennung und Garantie gewisser Rechte: Personen- und Eigentumsschutz, Meinungsäußerungsfreiheit, Versammlungs- und Vereinsfreiheit, Recht auf abweichende politische Meinung, freie Wahlen und Abstimmungen, etc. Das gilt allerdings im analytischen Sinn nur für Mitglieder der demokratischen Gemeinschaft. Ob Meinungsäußerungsfreiheit zum Beispiel ein Menschenrecht oder nur ein Bürgerrecht ist, hängt davon ab, ob das demokratische Gemeinwesen sich darauf verpflichtet, gewisse Rechte als Grundrechte und nicht nur als Bürgerrechte zu garantieren. Das ist in zahlreichen Demokratien der Fall. Gewisse Rechte nicht nur als Bürger-, sondern als allen Menschen zukommende Grundrechte zu betrachten kann mit den Bedingungen vernünftiger öffentlicher Beratschlagungsverfahren begründet werden, die liberale Demokratien auszeichnen.

Ferner kann empirisch gezeigt werden, dass Demokratie in der Tat mit einem höheren Bildungsumfang einhergeht, also Menschen besser in den Zustand versetzt, selber zu denken und eigene Entscheidungen zu fällen (Brown/Hunter 2004). Des Weiteren wird argumentiert, dass unter keinem anderen Regierungssystem als der Demokratie die Wahrscheinlichkeit so hoch ist, dass Menschen unter Gesetzen ihrer eigenen Präferenz leben. Die Demokratie wird deshalb als das Regierungssystem betrachtet, das die bestmögliche Verwirklichung von Freiheit in kollektiver Selbstbestimmung realisiert. Die Gefahr einer Tyrannei der Mehrheit kann durch die Gewährleistung der grundlegenden Freiheitsrechte, durch Ersetzung kollektiv bindender Entscheidungen mit freiwilliger zivilgesellschaftlicher Kooperation und durch lokale Teilautonomie gebannt werden. Außerdem beinhalten alternative Regierungssysteme die Gefahr einer Tyrannei der Minderheit, was das Argument stützt, dass die Demokratie ihnen gegenüber eine komparativen Vorteil hat (Buchanan/Tullock 1962: 63–84; Dahl 1989: 89–90).

Des Weiteren impliziert das Recht aller Mitglieder, sich am politischen Entscheidungsfindungsprozess zu beteiligen, die öffentliche Anerkennung der Mitglieder als autonome Personen. Ihnen wird erstens eine eigene Lebensführung, eine unabhängige

Einschätzung ihrer Interessen und Projekte und zweitens eine Fähigkeit, diese eigenen Projekte mit jenen anderer Personen in Einklang zu bringen, zugestanden. Die periodischen Unterbrechungen des kollektiven Meinungsbildungsprozesses durch verbindliche Mehrheitsentscheide ändern daran nichts, denn Letztere klären nur, was jeweils verbindlich gilt. In einer Demokratie kann das geltende Recht oder können die Maßnahmen der öffentlichen Hand immer wieder zur Diskussion und Disposition gestellt werden. Auch wenn unterschiedliche Begriffe von personaler Autonomie unterstellt werden (Baumann 2008; Christman 2011), kein Regierungssystem nimmt in seinem institutionellen Design den einzelnen Menschen als autonomes Wesen für vollwertiger als die Demokratie. Ohne demokratische Beteiligungsrechte werden die personale Autonomie und der intrinsische Wert des Selberentscheidens (vgl. Bartling/Fehr/Herz 2014) von vornherein verletzt. Ein Verbot der Mitbestimmung bei der allgemeinen Gesetzgebung unter Wahrung anderer liberaler Rechte bedeutet ein Zurückdrängen der Autonomie als Selbstgesetzgebung in einen eng begrenzten privaten Bereich (Dahl 1989: 91). Auf die Kompetenzvoraussetzungen dieser These und weitere Probleme der Mehrheitsregel wird im nächsten Kapitel näher eingegangen.

Die Demokratie hat also im Hinblick auf die Beförderung von Freiheit und Autonomie gegenüber anderen Regierungssystemen einen instrumentellen Vorteil. Als ihre Gegnerin bleibt allerdings immer noch die Herrschaftsfreiheit (Anarchie), für die in Anspruch genommen wird, Freiheit und Autonomie am besten zu verwirklichen (von Borries 2007; Sartwell 2008). Bei der Begründung herrschaftsfreier Utopien muss aber angenommen werden, dass Menschen keine irreduziblen Interessen haben oder keine externen Kosten gewärtigen. Zudem sollten sie keinen Hang zum »Trittbrettfahren« und keine subjektiv übersteigerten Ansprüche mehr haben. Ferner sollten sie nicht irrtumsanfällig, willensschwach und gewaltbereit sein und auch keine schwerwiegenden Koordinations- und Informationsprobleme mehr haben. Das ist alles im Prinzip möglich, aber höchst unplausibel (Klosko 2005: 17–59). Außerdem kann gezeigt werden, dass auch moralisch perfekte Wesen aufgrund kognitiver Grenzen Regierung benötigen (Kavka 1995: 1–18).

Zu 2) Für die Demokratie wird auch in Anspruch genommen, dass sie Gleichheit besser als alle anderen Regierungsformen verwirklicht. Wenn Menschen als freie und autonome Wesen betrachtet werden, folgt, dass keine Person von vornherein einen legitimen Anspruch erheben kann, die anderen zu beherrschen. Alle Individuen können prima facie mit gleichem Recht auf ihrem Freiheitsrecht und ihrer Autonomie bestehen (Locke 1689/1980: § 54). Die Unterwerfung unter politische Autorität erfordert deshalb die Gleichbehandlung in der Garantie der Freiheit und die gleiche Gewichtung der Zustimmung der Herrschaftsunterworfenen zu kollektiv verbindlich festgelegten Regeln (ebd. § 95). Diese Theorie der gleichen Freiheit begründet Abwehr- und Kontrollrechte gegenüber kollektiver Bevormundung, wo dies möglich ist, und den Anspruch auf gleichwertige politische Beteiligung, wo politische Autorität nötig ist. Dies kann durch die plausible Annahme ergänzt werden, dass die Interessen der Menschen miteinander verflochten sind, was die Notwendigkeit nach sich zieht, Interessenwahrnehmung gemeinsam und nach einem Grundsatz der Gleichheit der Ressourcen in der Interessenwahrnehmung auszuhandeln. So entsteht eine Theorie der Demokratie als Regierungsform, die den Anspruch auf gleiche Berücksichtigung fundamentaler, persönlich gewichteter Interessen und auf Abwehr illegitimer Interessen und Beherrschung verwirklichen soll. Das demokratische System, das dieses Verständnis von Gleichheit befördert, verlangt aber für die Herstellung von Gleichheit unter Umständen ein *levelling down*. Das heißt, dass solch egalitaristische Theorien einen Zustand der Verteilungsgleichheit auch den stark pareto-optimalen Zuständen vorziehen, und es entsteht eine grundlegende Spannung zu Theorien, die die Demokratie bevorzugen, weil diese Wirschaftswachstum und Wohlfahrt maximiert (Christiano 2008: 12–45).

Hier zeigt sich eine Schwierigkeit der instrumentellen Begründung der Demokratie. Die Zwecke, für die in Anspruch genommen wird, dass sie von der Demokratie befördert werden, befinden sich zum Teil in einem Zielkonflikt. Allerdings gilt das nur zum Teil. Wie Thomas Christianos Ausführungen zum *levelling down* zeigen, ist nicht jeder egalitaristische Zustand vom Gleichheitsprinzip her verstanden besser als jeder pareto-optimalere Zustand. Effizienz- und gleichheitsorientierte Theorien haben also eine Schnittmenge von Verteilungszuständen, denen von unterschiedlichen Standpunkten aus zugestimmt werden kann. Das deckt sich mit der Tatsache, dass auch ökonomische Theorien der verfassungsmäßig verankerten Demokratie auf einer Gleichheitsvoraussetzung beruhen (Downs 1957: 18; Buchanan/Tullock 1962: 80).

Die demokratische Interpretation des Gleichheitsanspruchs hat andererseits auch eine kritische Spitze gegen die sogenannten glücksegalitaristischen Theorien. Wie Elisabeth Anderson (Anderson 1999) darlegt, geht es bei der demokratischen Gleichheit nicht um eine Befriedigung von Neid (gegen Dworkin 1981: 285), nicht um ein bedingungsloses Grundeinkommen für arbeitsunwillige Surfer (gegen Van Parijs 1991), nicht um die staatliche Finanzierung extravaganter religiöser Zeremonien (gegen Arneson 1997: 231), nicht um die staatliche Subvention von teuren Hobbys (gegen Cohen 1989: 930–31), nicht um den staatlichen Ausgleich von Liebesglück (gegen Van Parijs 1995: 127). Es geht insgesamt nicht um den gesellschaftlichen Ausgleich »kosmischen«

Unglücks, sondern um die Anerkennung von Statusgleichheit als Bürgerinnen und Bürger, um die Verhinderung von politischer Unterdrückung, Rassen- und Genderdiskriminierung, um die Verteidigung der schwächsten Mitglieder der Gesellschaft gegen Ungerechtigkeiten, *die durch Gesetze und gesellschaftliche Prozesse selbst verursacht werden.* Diese Prozesse, so der Anspruch Andersons (ebd.), müssen nach einem Standard der demokratischen Gleichheit beurteilt werden, der auf dem Gedanken des gleichen moralischen Wertes von Menschen beruht. Anstelle der Verteilung bestimmter Güter, die helfen soll, natürliche Ungleichheiten auszugleichen, geht es um die wechselseitige Anerkennung einer Statusgleichheit als Bürger. Dies beinhaltet die Pflicht, Beziehungsformen und Handlungen gegenüber anderen mit allgemein einsichtigen Prinzipien zu begründen, einander als gleichwertige Mitglieder der Gesellschaft zu konsultieren und sich miteinander über das kollektive Handeln zu verständigen. Der Status der moralischen Gleichwertigkeit der Menschen kann in einer Gesellschaft am ehesten über demokratische Beziehungs- und Regierungsformen verwirklicht werden.

Zu 3) Es gibt Theorien, die der Demokratie die Herrschaft der Besten (Aristokratie, Meritokratie) oder die aufgeklärte Diktatur vorziehen (Huntington 2006; Haggard 1990; Lee 2000). Bei dieser Begründung steht meist der Zweck der kollektiven oder durchschnittlichen öknomischen Nutzenmaximierung im Vordergrund. Rechtsstaatlich und menschenrechtlich verfasste Demokratien schneiden gemäß den Indikatoren menschlicher Entwicklung und ökonomischer Wohlfahrt aber besser ab als autoritäre Regime, wobei es zahlreiche Faktoren und damit verbundene historische Schwankungen zu berücksichtigen gilt (Gerring 2012: 1–17). Andererseits kann gezeigt werden, dass unter Bedingungen von Armut und fehlender Rechtsstaatlichkeit Wahlen die erwünschte Wirkung der repräsentativen Vertretung der Interessen und der Rechenschaftspflicht verfehlen (Collier 2010). Die empirische Evidenz für einen generellen ökonomischen Vorteil der Meritokratie oder des moderaten Autoritarismus im Vergleich zur Demokratie ist sehr gemischt. Das stimmt mit der Theorie überein, dass für ein gutes Funktionieren einer Meritokratie oder aufgeklärten Diktatur grundlegende Probleme, die sich im kollektiven Handeln stellen und die in der Demokratie durch periodische Rechenschaftspflicht gegenüber Wählern angegangen werden, bereits gelöst sein müssen (Dahl 1989: 65–79; Buchanan/Tullock 1962: 69–72). Zum Beispiel muss bei der Herrschaft der Besten (Aristokratie, Meritokratie) vorausgesetzt werden, dass die regierenden »Besten« das Gemeinwohl kennen, dass sie die Herrschaftsunterworfenen inhaltlich hinreichend repräsentieren und dass sie ihre Macht nicht missbrauchen, was Wahlen zur Herstellung der Rechenschaftspflicht überflüssig macht. Ferner bedarf es einer Anthropologie, die Menschen in zwei Gruppen teilt: die Unmündigen, die einer Herrschaft bedürfen, und die Mündigen, die diese ausführen. Und es muss als erwiesen oder leicht zu bestimmen gelten, wer zu welcher Gruppe gehört. Eine rechtsstaatlich abgesicherte Meritokratie hat in dem Punkt eine bessere Plausibilität als die aufgeklärte Diktatur. Allerdings setzt sie voraus, dass alle für das Regieren benötigten Kompetenzen in Examen geprüft werden können und dass die geistigen Eliten, die sich in entsprechenden Examen durchsetzen, die Interessen der Herrschaftsunterworfenen dermaßen substanziell vertreten, dass die horizontale Kontrolle der politischen Macht durch Gewaltenteilung genügt und die vertikale Kontrolle der Herrschaft durch Wahlen wegfallen kann (Bernauer et al. 2013: 165–167). Falls Meinungsäußerungs- und Pressefreiheit zu den Grundrechten zählen, was notwendig ist, wenn die Meritokratie nicht als menschenrechtswidrig gelten soll, wäre zudem zu begründen, warum Menschen bei der Politik mitreden, aber nicht mitbestimmen sollen. Theorien der Herrschaft der Besten und der aufgeklärten Diktatur verneinen nicht nur die menschliche Autonomie als Fähigkeit der subjektiven Beurteilung eigener Interessen und Lebenspläne, sondern sie verneinen auch die These, dass die Fähigkeit zu einer autonomen Lebensführung und gemeinsamen Gestaltung der Gesellschaft in einem demokratischen Prozess mit der Zeit angeeignet werden kann. Die Rechtfertigung der autoritären Herrschaft gegen die Demokratie kann demnach nicht in einer Momentaufnahme der menschlichen Fähigkeiten zu einer autonomen Lebensführung bestehen, sondern muss auch der Demokratie als Lernprozess eine Absage erteilen (Gaus 2009: 202–234). Langfristig und geografisch breit angelegte empirische Studien zeigen, dass die Demokratie als Staatsform unter rechtsstaatlichen Bedingungen (Grundrechte, Eigentumsrechte) letztlich Meritokratien und aufgeklärte Diktaturen auch unter wirtschaftlichen Gesichtspunkten und hinsichtlich der sozialen Entwicklung übertrifft, dass aber einzelne Demokratien ihre Errungenschaften wieder einbüßen können (Knutsen 2012).

Zu 4) Schon Spinoza formulierte die These, dass sich in einem System, in dem die Bürger Soldaten sind und gleichzeitig ein Bürgerrat an der politischen Willensbildung oder gar Herrschaftsausübung teilhat, eine Mehrheit eher für den Frieden als für den Krieg aussprechen wird.[2] Spinoza gab der Demokratie nicht zuletzt unter dem Aspekt der Friedensstiftung den Vorzug.[3] Rousseau und Kant folgten ihm (Cheneval 2002: 257–259, 373–378, 586–587). Noch heute besagt die Theorie des »democratic peace«, dass demokratische Staaten gegeneinander keine Kriege und auch keine Stellvertreterkriege führen (Owen 1994). Diese Lehrmeinung ist zwar umstritten (Layne 1994; Spiro 1994), Streitpunkte betreffen aber Kriege zwischen demokratischen und autoritären

Staaten, die von demokratischen Staaten in diesen Konflikten eingesetzten militärischen Mittel sowie die Respektierung des humanitären Völkerrechts. Methodisch umstritten ist, ob die These des demokratischen Friedens einer monadischen oder dyadischen Logik folgt. Will heißen: ob die pazifizierende Wirkung der Demokratie einseitig auf den Einzelstaat bezogen oder in einer Wechselwirkung mit anderen Staaten behauptet wird (Kinsella 2005; Rosato 2005). Spinozas Hypothese ist für die Beziehung zwischen Demokratien nicht widerlegt. Seit 1800 hat kein demokratischer Staat gegen einen anderen demokratischen Staat Krieg geführt (Hagan 1994; Maoz/Russet 1993; Doyle 1997: 277–284). Dabei müssen allerdings drei Bedingungen zusammen erfüllt sein: 1. repräsentative Demokratie; 2. Beachtung elementarer Menschenrechte; 3. transnationale Interdependenz (Doyle 2005). Zieht man jeweils nur eine der Bedingungen zur Bestimmung der Demokratie heran, kann die Hypothese des demokratischen Friedens verworfen werden (Rosato 2003). Immanuel Kant hatte somit gute Gründe, dem ersten Definitivartikel seiner Schrift *Zum Ewigen Frieden* (1795) noch zwei hinzuzufügen. Der erste Artikel unterstellt eine innere republikanische Struktur der Staaten, der zweite und der dritte setzen eine völkerrechtliche und menschenrechtliche Normierung ihrer Beziehungen voraus (Cheneval 2002). Die Hypothese des demokratischen Friedens, die allein einer empirischen Prüfung standhält, behauptet, dass die innere konstitutionelle, die intergouvernementale und die menschenrechtliche Bedingung gleichzeitig erfüllt sein müssen, um eine robuste Korrelation zwischen Demokratie und Frieden behaupten zu können (Russet 2001). Der demokratische Frieden ist ein Phänomen des liberalen demokratischen Multilateralismus.

Aus den genannten Erläuterungen geht hervor, dass für die Demokratie in einer längerfristigen Perspektive verschiedene instrumentelle und intrinsische Gründe sprechen: Intrinsische Gründe gelten, wenn davon ausgegangen wird, dass das gemeinsame Mitentscheiden für Menschen einen Eigenwert hat, den Menschen um seiner selbst willen schätzen; instrumentelle Gründe gelten, wenn gezeigt werden kann, dass demokratische Systeme bestimmte wünschenswerte Ziele besser erreichen als andere Regierungsformen oder als die Abwesenheit von Regierung. Davon gesondert müssen aber die Übergangsprozesse von autoritären Herrschaftsformen zur Demokratie betrachtet werden. Demokratisierungsprozesse zeitigen ganz andere Wirkungen als konsolidierte demokratische Systeme. Die rechtsstaatlich und menschenrechtlich verfasste Demokratie ist nicht zu verwechseln mit den möglichen Zwischenstufen eines Transformationsprozesses. Diese bringen im Vergleich zum autoritären System unter Umständen keine Verbesserung der Indikatoren mit sich. Auch verlaufen demokratische Transformationsprozesse weder linear (Doorenspleet 2008: 288–90; Doorenspleet/Kopecky 2008; Thompson 2004; Merkel 2006) noch friedlich (Mansfield/Snyder 2007; Cedermann et al. 2012). Samuel Huntington (1992) hat einen ganzen Strauß von typologisierten Empfehlungen zu erfolgreicher Demokratisierung erarbeitet, die allerdings in der Forschung auch auf Kritik gestoßen sind, weil sie die Gefahr in sich bergen, den Demokratisierungsprozess geschichtsvergessen und kontextunabhängig auf politische Ingenieurskunst auszurichten und die Gegenströmungen zu unterschätzen (Jaggers/Gurr 1995; Geddes 1999; Zakaria 2005).

2. Die Beratschlagungs- und Entscheidungsverfahren der Demokratie

2.1 Demokratie als Wahldemokratie? Demokratie mit Adjektiven

In der Politikwissenschaft und der politischen Philosophie ist es üblich, den Begriff der Demokratie zu differenzieren. So werden durch das Hinzufügen von Attributen Subtypen der Demokratie bezeichnet, womit eine besondere Abweichung von der Grundbedeutung oder eine besondere Auszeichnung hervorgehoben werden soll. Gleichzeitig wird ein »tertium comparationis« benannt, das die Vergleichbarkeit von demokratischen Systemen gewährleistet und Gemeinsamkeiten und Abweichungen in den Blick nimmt (Collier 1997). Die adjektivischen Präzisierungen der Demokratie sind unübersichtlich und sie führen selten zu klaren und deutlichen Abgrenzungen. Einige werden im weiteren Fortgang dieser Einführung erörtert. Hier beschränke ich mich auf eine zentrale Präzisierung, die auch für die vergleichende Politikwissenschaft von Relevanz ist.

Die Bezeichnung »Wahl-Demokratie« (*electoral democracy*) hebt einen zentralen Aspekt der Demokratie hervor. Sie wird etwa vom Think Tank *Freedom House* angewendet. Periodisch stattfindende Wahlen und die Häufigkeit von Regierungswechseln dienen hier als Kriterien der Qualität der Demokratie und der Klassifizierung von Ländern. Das Resultat fließt in einen periodischen Bericht über den Zustand der Demokratie in der Welt ein. Gemäß diesem Kriterium gab es im Jahr 2013 118 Wahldemokratien auf der Welt.[4] Wolfgang Merkel wirft dieser adjektivischen Bestimmung vor, dass sie nicht hinreichend sei. Sie vernachlässige die allgemeinen Umstände, unter denen die Wahlen stattfinden müssen, damit sie ihren genuin demokratischen Bedeutungsgehalt erlangen. Es fehlt ganz allgemein das Element der Kontrolle der Regierung: Rechenschaftspflicht und unabhängige Überprüfung der Einhaltung der allgemeinen Normen und institutionellen Prozeduren. Eine funktionierende Verfassungsordnung, Rechtsstaatlichkeit und eine freie Zivilgesellschaft müssen explizit auch Teil der Demokratie sein. Merkel spricht in diesem Zusammenhang von der in eine freiheitliche Verfassungsordnung (Grundfreiheiten, politische Rechte), Rechtsstaatlichkeit, funktionierende Kontrollorgane und pluralistische Zivilgesellschaft eingefügten Wahlordnung: von der »eingebetteten Demokratie« (*embedded democracy*). Wo Elemente dieses Modells fehlen, sprechen verschiedene Forscher von »defekter« oder »illiberaler« Demokratie (Croissant/Peter 2000; 2000a; Merkel 1999; Merkel/Croissant 2000).

Auch innerhalb der »eingebetteten« Demokratie gibt es Varianten. So verweist die Präzisierung »parlamentarische Demokratie« darauf, dass die Regierung vom Parlament und nicht direkt vom Volk gewählt wird; das Parlament wird unter Umständen sogar als Souverän betrachtet. Das Gegenstück ist die »präsidiale Demokratie«, in der das Volk direkt einen Präsidenten wählt, der eine Regierung bildet. »Föderale Demokratie« steht für die bundestaatliche Aufteilung des Staates in mehrere Gebietskörperschaften mit Teilautonomien. Heute wird auch von Mehrebenendemokratie und vertikaler Gewaltenteilung gesprochen (Bernauer et al. 2013: 189–205). Die Vielparteien-Demokratie ist dadurch gekennzeichnet, dass mehr als zwei Parteien regelmäßig einen hinreichend hohen Teil der Stimmen zur Regierungsbeteiligung bekommen, das Zweiparteiensystem ist in dieser Sichtweise das alternative Modell. All diese Modelle sind demokratisch im vollen institutionellen Sinn und gehen mit freien und fairen Wahlen sowie der beschriebenen Einbettung in weitere Rahmenbedingungen einher. Sie unterscheiden sich aber durch die besondere Bedeutung eines komparativ auschlaggebenden Merkmals (Bernauer et al. 2013: 167–189). Von der Wahldemokratie unterschieden wird oft die sogenannte deliberative Demokratie oder Beratschlagungsdemokratie. Im Gegensatz zum verfahrensmäßigen Aggregieren von Stimmen im Sinn von feststehenden Präferenzen und Interessen steht beim deliberativen Demokratieverständnis die inklusive öffentliche Deliberation im Vordergrund. Wie aus den Ausführungen im nächsten Kapitel hervorgehen wird, handelt es sich bei der Gegenüberstellung von aggregativer Wahldemokratie und deliberativer Demokratie nicht unbedingt um einen Gegensatz, sondern um zwei komplementäre Elemente der Demokratie.

Eine grundsätzliche Bruchlinie verläuft auch zwischen demokratischen Systemen, die einen klaren Primat der Grundrechte und der Verfassung in einer Verfassungsgerichtsbarkeit zum Ausdruck bringen, sowie radikalen Formen der Demokratie, die Parlaments- und Volksentscheide nur formal oder inhaltlich nur minimal durch Verfassungsbestimmungen einschränken. Der theoretische Streitpunkt zwischen diesen Systemen besteht nicht notwendigerweise in der Existenz oder den Inhalten der Grundrechte, sondern in der Frage, ob die demokratischen Debatten und die damit verbundenen Verfahren wie Wahlen oder Abstimmungen bzw. spezifisch die Gerichte, die Verfassungsnormen durchsetzen, Grundrechte besser verwirklichen. So argumentierte schon Alexander Hamilton in den *Federalist Papers*, dass eine explizite Auflistung von Grundrechten die Gefahr in sich birgt, die Staatsmacht auf Bereiche auszuweiten, wo sie gar nicht besteht. Andererseits wird dem Staat eine Handhabe gegeben, nur diejenigen Rechte zu gewähren, die explizit aufgelistet sind. Die Verfassungsordnung als Ganzes sollte den Rahmen bilden, in dem Rechte systemisch verwirklicht werden, ohne dass sie einzeln aufgelistet werden (Hamilton et al. 1788/2005: Nu. 84).

2.2 Was ist demokratisch, das Verfahren oder das Ergebnis?

Demokratie lässt sich wie erwähnt verfahrensorientiert oder ergebnisorientiert bestimmen. Verfahrensorientierte Theorien argumentieren, dass dem Demokratiebegriff im engeren Sinn keine »richtigen« Antworten auf inhaltliche Fragen der Politik vorausgehen und dass der Begriff selber keine solchen Antworten beinhaltet. Die Demokratie ist nach diesem Verständnis kein Instrument zur Herbeiführung eines unabhängig von demokratischen Verfahren oder vom Demokratiebegriff feststehenden *richtigen* Ergebnisses. Vielmehr zielt Demokratie nur auf eine bestimmte Qualität der Verfahren der gemeinsamen verbindlichen Entscheidungsfindung (Dahl 1979: 97–133). Damit ein kollektives Entscheidungsverfahren die Bezeichnung demokratisch verdient, muss es aber zumindest an Grundrechte der Beiteiligten am Verfahren gebunden sein. Auch der prozedurale Demokratiebegriff impliziert normative Grundsätze, die für eine demokratische, sprich faire, inklusive, ausgewogene Prozedur selber konstitutiv sind. Dazu gehören Meinungsäußerungsfreiheit, Versammlungs- und Vereinsfreiheit, Pressefreiheit sowie Prinzipien der Gleichbehandlung und Nicht-Diskriminierung. Jürgen Habermas spricht von der Gleichursprünglichkeit von Demokratie und Menschenrechten (Dahl 1989: 219–20; Habermas 1992: 112 ff.). Das leuchtet dann ein, wenn die genannten Grundrechte und Prinzipien auch auf alle Nicht-Mitglieder erweitert werden, weil nicht nur von Wahl- oder Abstimmungsverfahren, sondern von vernünftigen Beratschlagungsverfahren ausgegangen wird. Das folgt aber nicht unmittelbar, weil in den formalen Entscheidungsverfahren zwischen Mitgliedern und Nicht-Mitgliedern unterschieden werden muss. Im strengen Sinn gelten das Nicht-Diskriminierungsprinzip und das Gleichbehandlungsprinzip nur für Mitglieder des Demos. Auch deliberative Gremien können widerspruchsfrei eingegrenzt werden, wenn der Gegenstandsbereich eine bestimmte Expertise erfordert. Eine vollständige Entsprechung von Demokratie und Menschenrecht ist also nicht unmittelbar aus den beiden Begrifflichkeiten ableitbar. Unmittelbar einleuchtend ist aber: Ein Begriff der Demokratie als Verfahren ohne Grundfreiheiten ist nicht kohärent. Die im prozeduralen Begriff der Demokratie begrifflich implizierten Grundrechte beschränken sich aber auf die konstitutiven Bedingungen des fairen kollektiven Beratschlagungs- und Entscheidungsverfahrens.

Weitergehende ergebnisorientierte Bestimmungen der Demokratie sind kohärent, wenn sie auf der begründeten Vermutung beruhen, dass Deliberations- und Entscheidungsverfahren nach normativen Grundsätzen der Demokratie das beste uns bekannte und für uns akzeptable Instrument der Wahrheitsannäherung darstellen (*truth-tracking*). In dem Fall wird etwa auch von einem epistemischen Prozeduralismus gesprochen (Peter 2007). Dieser beinhaltet in Varianten die These, dass der Wahrheitswert der in demokratischen Verfahren gesuchten Antworten nicht durch diese hervorgebracht wird, sondern unabhängig vom Verfahren feststeht, dass aber den Menschen kein besseres Verfahren der Wahrheitsfindung zur Verfügung steht als die offene, freie Beratschlagung über Argumente, Fakten, Interpretationen bezüglich strittiger Fragen (vgl. Cohen 1986; Rorty 1988; Estlund 1993; Estlund 1997; Gaus 2011; Talisse 2004, 2007; Misak 2008, 2014).

Gegner des verfahresbasierten Demokratiebegriffs argumentieren gegen den intrinsischen Wert des Mitentscheidens mit dem Argument, dass demokratisch zu entscheiden Machtausübung impliziert. Dazu gibt es kein Grundrecht (Arneson 2003). Dagegen kann gehalten werden, dass es sich beim partizipativen Entscheiden in der Demokratie nicht um ein Entscheiden und Regieren über Andere handeln muss, sondern dass allgemeine Gesetze beschlossen werden können, die für alle Mitentscheidenden bindenden Charakter haben. Es gibt kein moralisches Recht auf Demokratie, aber es gibt ein intrinsisch wertvolles Grundrecht aller der politischen Autorität Unterworfenen mitzubestimmen. Eine strikt ergebnisorientierte und in dem Sinn instrumentelle Demokratietheorie, die richtige Resultate verfahrensunabhängig konkret antizipiert und die Verfahren so zu strukturieren versucht, dass diese zu den richtigen Ergebnissen führen, unterhöhlt hingegen den Demokratiebegriff. Wenn demokratische Verfahren auf Wahrheitsfindung abzielen sollen und wenn das, was im demokratischen Verfahren eruiert werden soll, unabhängig vom demokratischen Verfahren in seinem Wahrheitsgehalt bestimmt werden kann, dann sollte unter Umständen auf das Risiko demokratischer Entscheidungsverfahren verzichtet werden, da diese zum falschen Ergebnis führen können (Griffin 2003). Falls andere, vom demokratischen Verfahren unabhängige Systeme effizienter zu den richtigen Antworten führen, sollten sie der Demokratie vorgezogen werden. Die Demokratie wäre in dem Fall überflüssig oder gar schädlich. Der positiv ergebnisorientierte Demokratiebegriff ist widersprüchlich (Dahl 1989: 163). Der den normativen Bedingungen fairer Verfahren Rechnung tragende, verfahrensorientierte Demokratiebegriff erweist sich als der grundlegende. Wie im nächsten Kapitel (3.4) noch weiter ausgeführt wird, macht es aber dennoch Sinn, im Fall der prozedural bestimmten Demokratie eine Vermutung der epistemischen Qualität der Ergebnisse zu unterstellen, zumindest dann, wenn die Ergebnisse kumulativ und diachron und nicht einzeln untersucht werden.

Ein Blick auf die real existierenden Demokratien der heutigen Zeit ergibt denn hinsichtlich der verfahrens- und ergebnisorientierten Elemente des Regierungssystems auch ein differenziertes Bild. Epistemisch-ergebnisbasierte und prozedurale Aspekte kommen in verschiedenen Institutionen mit unterschiedlicher Gewichtung vor. Sie stehen miteinander in einer Beziehung von wechselseitiger Kontrolle. Die vollständige und ausschließliche Entgegensetzung »epistemische versus prozedurale Demokratie« deckt sich weder mit der Theorie noch mit der Praxis. So sind zum Beispiel die Regulierung der Medikamenten- und Lebensmittelsicherheit, die Bekämpfung der Inflation oder die Rechtsprechung Behörden anheimgestellt, die nach den Kriterien spezieller Expertise operieren, wogegen ihre Existenz und Regulierungskompetenz als Institutionen, ihre allgemeinen Zielvorgaben, die Beurteilung ihres Erfolgs und ihre personale Kontrolle demokratischen Mehrheitsverfahren und freier öffentlicher Deliberation unterliegen. Dieser Zustand wird im Allgemeinen nicht als »defekte Demokratie« verstanden. Im Gegenteil: »Defekte Demokratien« zeichnen sich gerade durch das Fehlen unabhängiger, nach epistemischen Kriterien operierenden Rechtsanwendungs- und Kontrollinstanzen aus.

Ferner wird beim Blick auf die Praxis deutlich, dass auch wissenschaftliche Fragen nicht verfahrensunabhängig, sondern in andersgearteten Beratschlagungsverfahren verhandelt werden. Die Differenz dieser Verfahren liegt in der Auswahl der Teilnehmenden nach Kriterien wissenschaftlicher Expertise und nicht der politischen Gleichheit. Zweitens unterliegen die für Beratschlagung ausschlaggebenden Argumente strikten methodischen Einschränkungen. Demokratien beinhalten in ihrem institutionellen

Gefüge also Instanzen, die selbst nicht nach dem demokratischen Prinzip der gleichen und allgemeinen Beteiligung an der Beratschlagung und Entscheidung funktionieren und die in ihrem Spektrum zulässiger Teilnehmer und Argumente stark eingeschränkt sind. Es ist auffällig, dass dort, wo Demokratie in der Praxis einigermaßen funktioniert, diese nie vollständig mehrheitsverfahrensbasiert ist, sondern durch nicht-demokratisch verfahrende Instanzen zurückgebunden wird. Die Entscheidung darüber, welche Fragen von Entscheidungsprozessen mit allgemeiner Beteiligung abgeschottet werden und welche durch Einbindung aller Interessen, Standpunkte und Methoden behandelt werden, unterliegt aber in demokratischen Systemen übergeordneten Gremien, die nach den Grundsätzen der allgemeinen Beteiligung und politischen Gleichheit operieren. Die Experteninstanzen sind also in »eingebetteten Demokratien« Teil einer durch Verfahren mit allgemeiner Beteiligung eingerichteten Verfassungsordnung, die ihrerseits im Mindesten jenen normativen Geltungsansprüchen verpflichtet ist, die für die demokratischen Verfahren konstitutiv sind.

3. Acht Fragen zu den Beratschlagungs- und Entscheidungsverfahren der Demokratie

Vor dem Hintergrund dieser zwei Verständnisse der Demokratie als legitimes Verfahren politischer Entscheidungsfindung einerseits und als mutmaßlich bestes Instrument zum Erreichen übergeordneter Verfahrenszwecke andererseits stellen sich zur genaueren Bestimmung der kollektiven Beratschlagungs- und Entscheidungsverfahren mindestens folgende Fragen:

1. Warum sollen alle Mitglieder einer politischen Gemeinschaft und nicht nur eine eingeschränkte Gruppe von Experten das Recht haben, sich an kollektiven Entscheidungen zu beteiligen?
2. Soll bei der Beantwortung der Frage 1 das Kriterium der zu erwartenden Richtigkeit der Entscheidungen (*E*: epistemisches Politikverständnis) oder das Kriterium des Wertes der Entscheidungsprozesse (*P*: prozedurales Politikverständnis) den Ausschlag geben für den Fall, dass *E* und *P* nicht zum selben Resultat in der Beantwortung der Frage führen?
3. Sollen die einzelnen Stimmen nach bestimmten Kriterien gewichtet oder gleich gewichtet und einzeln gezählt werden?
4. In welchem Verhältnis stehen in einem demokratischen Verfahren Beratschlagung und Entscheidung?
5. Wenn alle Bürgerinnen und Bürger als politisch gleich betrachtet werden, warum ist nicht die Auslosung der Ämter das richtige Verfahren?

6. Soll geheim oder öffentlich abgestimmt werden?
7. Welche guten Gründe gibt es für die Mehrheitsregel?
8. Worin bestehen die formalen Grenzen kollektiven Entscheidens nach der Mehrheitsregel?

Zu Frage 1: Wie ist allgemeine und gleiche politische Beteiligung gerechtfertigt?

Der französische Philosoph René Descartes (1596–1650) beginnt seinen *Discours de la méthode* (1637) mit dem Gedanken, dass der gesunde Verstand die bestverteilte Sache der Welt ist, denn alle glauben, hinreichend damit versehen zu sein (Descartes 1960: 3). Er hält es für unwahrscheinlich, dass dies eine Täuschung ist. Der Umstand, dass niemand wirklich mehr Verstand zu haben wünscht, als er besitzt, ist für Descartes ein Beweis, dass die »Kraft gesund zu urteilen und Wahres von Falschem zu unterscheiden [...] von Natur aus gleich ist bei allen Menschen« (ebd.). Ob der Verstand auch wirklich zu gesichertem Wissen findet und Zweifel und Täuschung überwinden kann, ist für Descartes nicht eine Frage des Standes, der wissenschaftlichen Gelehrsamkeit oder des materiellen Besitzes, sondern allein eine Frage einer für alle zugänglichen Methode des Verstandesgebrauchs. Besonders in praktischen Angelegenheiten hält es Descartes für offensichtlich, mehr Wahrheit im Urteil eines jeden Menschen über ihn betreffende Angelegenheiten zu sehen als in einem Expertenurteil, nicht zuletzt weil in der Praxis jede Person die Folgen der eigenen Urteile am eigenen Leib erfährt. Descartes' *Discours* liest sich – obschon von ihm nicht als solche angelegt – wie eine allgemeine Begründung der Demokratie.[5] Letztlich folgt aus seinen Ausführungen die Begründung einer größtmöglichen Autonomie des Einzelnen und eine Begründung der allgemeinen Bildung und Beteiligung an öffentlichen Entscheidungen praktischer Art, da niemand systematisch und allgemein geltend machen kann, mehr Verstand zu haben als andere.

Die Theorie der deliberativen Demokratie oder Politik ändert am Urteil bezüglich der Wohlbegründetheit allgemeiner Beteiligung nichts. Auch die deliberative Demokratietheorie ist »beteiligungszentriert« (Schmidt 2010: 237–253). Sie ist es sogar in noch größerem Maß als eine aggregative Theorie, da sie im Gegensatz zur aggregativen Methode das Hauptaugenmerk auf Beratschlagungsverfahren legt und Nicht-Mitglieder des Staatsvolks nicht von der Beratschlagung ausgeschlossen werden sollen. Bürgerinnen und Bürger dürfen nicht nur, sie sollen sogar grenzüberschreitend beratschlagen – das erhöht die Qualität der Deliberation (Bohman 2007). Das einzige Kriterium für die Beteiligung an der öffentlich-demokratischen Deliberation ist der gesunde Verstand. Staatsangehörigkeit oder andere Kriterien gelten nicht (Cheneval 2006). Das deliberative Demokratieverständnis verlagert aber in verschiedenen starken und schwächeren Varianten der Idealisierung die Aufmerksamkeit auf die Qualität der kommunikativen Interaktion und öffentlichen Beratschlagung von Positionen vor, während und nach der kollektiven Entscheidung. Damit distanziert sich dieses Verständnis von individuellen Methoden des richtigen Verstandesgebrauchs und des additiven Zählens von Einzelstimmen in formal bindenden Entscheidungen mit begrenzter Mitgliedschaft. Die allgemeine Stimm- und Wahlbeteiligung wird zwar durch die Gleichwertigkeit des Urteils einer jeden Person begründet, sie wird aber durch den freien Austausch von Argumenten unter fairen Bedingungen gemäß der deliberativen Demokratietheorie auch entschieden verbessert, da Präferenzen wechselseitig gerechtfertigt werden müssen (Habermas 1996: 277–92; Habermas 2008: 138–91). Diese Begründung der allgemeinen Beteiligung ist dann ergebnisorientiert, wenn sie den Vorteil der allgemeinen und öffentlichen Deliberation in der höheren epistemischen Qualität der aus ihr hervorgehenden Entscheidungen sieht. Sie ist verfahrensorientiert, wenn sie den Vorteil der allgemeinen und öffentlichen Deliberation in der besseren Qualität des Verfahrens im Sinn einer adäquateren Berücksichtigung und authentischeren Herausbildung des Urteils eines jeden politischen Akteurs sieht.

Zu Frage 2: Soll Wahrheit oder prozedurale Fairness Ziel demokratischen Entscheidens sein?

Auch für die epistemische Spielart der deliberativen Theorie steht die allgemeine Beteiligung an der Entscheidung und Beratschlagung also außer Frage, sie ist aber kein Wert an sich, sondern beruht auf der Vermutung, dass unter Bedingungen allgemeiner Beteiligung an wohlstrukturierten kommunikativen Prozessen der gemeinsamen Suche nach dem besseren Argument auch die Entscheidungen der politischen Fragen der Wahrheit so nahe kommen wie möglich (Schaal 2007: 23–38). Die Standardvariante der verfahrensbasierten Theorie der Demokratie sieht von dieser Vermutung ab. Das demokratische Verfahren gibt ihr gemäß nicht die der Wahrheit am nächsten kommende, sondern – im besten Fall – die politisch legitime, will heißen dem Demos eigene, also kollektiv verantwortete Antwort einer politischen Gemeinschaft auf eine politisch umstrittene Frage wieder. Das Prinzip der allgemeinen Beteiligung wird auch hier akzeptiert, man verspricht sich aber davon nicht Wahrheitsannäherung, sondern die Stiftung politischer Legitimität durch Abgeltung der Entscheidungen mit den wohlverstandenen Präferenzen der Bürgerinnen und Bürger. Das schließt nicht aus, dass demokratische Verfahren zu »wahren« Antworten führen. Wahrheit ist möglich und erwünscht, Legitimität hingegen kann bei fairen Verfahren vernünftigerweise unterstellt werden.

Die epistemische Demokratietheorie kennt weitere Argumente zugunsten allgemeiner Beteiligung unter Voraussetzung des Prinzips, dass in kollektiven Entscheidungen Wahrheitsannäherung angestrebt werden soll (*E*). Auf dieser Linie der epistemischen Begründung der allgemeinen und gleichen Beteiligung liegt das Condorcet-Jury-Theorem. Es setzt voraus, dass in einem kollektiven Entscheidungsverfahren zwei Alternativen A und B zur Wahl stehen und dass eine davon die richtige ist, aber nicht bekannt ist, welche. Die Gruppe, die entscheidet, hat eine ungerade Anzahl Mitglieder (k). Jedes Mitglied kennt die richtige Antwort mit der Wahrscheinlichkeit q. Es gilt die Mehrheitsregel. $Q(k,q)$ bezeichnet die Wahrscheinlichkeit, dass die Gruppe die richtige Entscheidung fällt. Wenn nun die durchschnittliche Wahrscheinlichkeit eines jeden Mitglieds, die richtige Entscheidung zu kennen, größer ist als 0.5, dann gilt Folgendes:

1. Die Wahrscheinlichkeit, dass die Gruppe richtig liegt, ist höher als jene, dass ein einzelnes Mitglied richtig liegt.
2. Die Wahrscheinlichkeit einer richtigen Gruppenentscheidung steigt mit zunehmender Zahl von Beteiligten, die die Bedingung $q > 0.5$ erfüllen.
3. Geht die Zahl der Beteiligten gegen unendlich, dann geht die Wahrscheinlichkeit einer richtigen Entscheidung der Gruppe gegen 1 (Condorcet 1785).

Weitere Analysen haben ergeben, dass das Theorem auch unter der Bedingung gilt, dass die einzelnen Akteure miteinander beratschlagen und einander beeinflussen (Berg 1993; Ladha 1992). Mit diesem formalen Theorem des Marquis de Condorcet lassen sich das allgemeine Wahlrecht und die öffentliche Erziehung und

Bildung formal begründen. Allerdings ergeben sich bei einer Änderung der Annahmen erhebliche Einschränkungen. Wenn zum Beispiel die Akteure strategisch interagieren, was eine wichtige Voraussetzung der Spieltheorie ist, steigt die Wahrscheinlichkeit einer richtigen Antwort mit der Zahl der Teilnehmenden nicht an, auch wenn die Wahrscheinlichkeit, dass sie die richtige Antwort kennen, im Durchschnitt über fünfzig Prozent liegt.

Die begriffliche Unterscheidung zwischen epistemischer und prozeduraler Demokratietheorie wird auch in der Praxis nicht als eine solche einander ausschließender Modelle gelebt. Auch in der wissenschaftlichen Literatur wird diese Unterscheidung, wie bereits erwähnt, relativiert und präzisiert. Eine Form der radikalen Kritik an der begrifflichen Unterscheidung beruht auf einem bestimmten Begriff von Wahrheit. Diese wird als eine von kommunikativen Erkenntnisprozessen abhängige Eigenschaft von Sätzen verstanden. Die Dichotomie »Erkenntnis versus Verfahren« ergibt somit keinen Sinn, höchstens die Differenzierung in verschiedene Erkenntnisverfahren (Kitcher 2003; Misak 2008). Andererseits wird im epistemischen Prozeduralismus zwar davon ausgegangen, dass der Wahrheitswert von Sätzen verfahrensunabhängig feststeht und somit vom Prozess der Erkenntnis dieses Wahrheitswerts unterschieden werden muss. Allerdings wird angenommen, dass über die demokratische Deliberation hinaus keine akzeptablen Verfahren zur Bestimmung strittiger und komplizierter Fragen zur Verfügung stehen (Estlund 1993). Es gibt gemäß diesem Theorieansatz unabhängig von möglichst inklusiven und offenen kommunikativen Prozessen keine direkte und ungeteilte Evidenz der Wahrheit, zumindest nicht in einem kumulativen und diachronen Sinn. Das ändert aber nichts an der Tatsache, dass Wahrheit als Begriff von den Umständen der Wahrheitsfindung unterschieden werden sollte und insbesondere auch Vorsicht angebracht ist bei der Vermutung, dass demokratische Prozesse eine optimale Wahrheitsfindung gewährleisten (Jay 2009).

Eine gewisse Einschränkung erfährt das epistemisch prozedurale Verständnis der deliberativen Demokratie durch das Kriterium der reziproken Rechtfertigbarkeit der Gründe, die sich Bürgerinnen und Bürger schulden (*mutual justifiability*; Gutman 2004: 133–138). In der Variante des epistemischen Prozeduralismus ist die deliberative Demokratietheorie nicht nur beteiligungszentriert, sondern die mutmaßliche epistemische Qualität der deliberativen demokratischen Verfahren unterliegt auch einem Ideal der wechselseitigen Rechtfertigbarkeit der Gründe und einem Ideal epistemischer Tugenden der Erkenntnisoffenheit und Verständigungsbereitschaft (Lafont 2006: 3–25). Unter nicht-idealen Umständen kann Deliberation durchaus zu unerwünschten Resultaten führen. Sie kann zum Beispiel Gruppen polarisieren und somit die Entscheidungsfindung erschweren (Sunstein 2002). Sie kann zu Verschleierung von Interessen und Machtverhältnissen führen (Shapiro 1999). Auch das Ideal selbst scheint brüchig angesichts der Tatsache, dass die ideale kommunikative Prozedur die Kommunikationsteilnehmenden dermaßen idealisiert oder als partikulare Subjekte »wegvernünftelt«, dass Deliberation obsolet wird (Sunstein 2002).

In einer anderen Variante der deliberativen Demokratietheorie wird die allgemeine Beteiligung an der Deliberation angesichts dieser Schwierigkeit nicht mit der besseren Wahrheitsannäherung, sondern mit der Werthaltigkeit des kollektiven Lernprozesses für die Lernenden begründet (Anderson 2006). Das kann nicht als Wende hin zu einem rein prozeduralen Verständnis der deliberativen Demokratie verstanden werden, denn der Wert eines Lernprozesses für die Lernenden ist von der Richtigkeit des Inhalts des Gelernten nicht unabhängig. Gleiches gilt für Theorien, die den wissenschaftlichen Zweck der Wahrheitsfindung zugunsten des Ideals der demokratischen Legitimität beiseiteschieben und den Sinn der Deliberation in der gegenseitigen Überzeugung mit einsichtigen Argumenten sehen, im Hinblick auf die weniger auf Zwang angewiesene Durchsetzung bindender kollektiver Entscheidungen. Der öffentliche Begründungszwang von Positionen in der Deliberation unter Bedingungen allgemeiner und gleicher Beteiligung drängt die Akteure dazu, auf zustimmungswürdige Argumente zu rekurrieren, deren Überzeugungskraft Konsens fördert und Zwang vermindert. Wahrheitsannäherung (*truth-tracking*) wird hier demnach nicht verneint, wird aber als sekundär betrachtet zugunsten der Suche nach wechselseitiger Rechtfertigbarkeit von Positionen (*tracking mutual justifiability*; Lafont 2006). Im Gegensatz zu einem rein epistemischen Verständnis der Demokratie, das, wie gezeigt, tendenziell deshalb undemokratisch ist, weil Wahrheitsannäherung immer auch durch Eingrenzung der Gruppe der Beteiligten und durch zusätzliche methodische Beschränkungen möglich ist, impliziert das Verständnis der deliberativen Demokratie als allgemeine Pflicht zu wechselseitiger Rechtfertigung von allgemein bindenden Entscheidungen eine allgemeine und gleiche Beteiligung (Forst 2005).

Bilanz: Sowohl verfahrensorientierte als auch ergebnisorientierte Theorien der Demokratie berücksichtigen das Prinzip der allgemeinen Beteiligung an Beratschlagung und Entscheidung. Bei den prozeduralen Theorien ist allgemeine Beteiligung eine notwendige Bedingung der politischen Legitimität der Entscheidungen. Gemäß den epistemischen, resultatorientierten Theorien erhöht die allgemeine Beteiligung die epistemische Qualität der Beratschlagung und in der Folge auch der Entscheidungen. Prozedurale und epistemische Demokratietheorien beantworten die Frage 1 mit der Forderung nach allgemeiner und gleicher Beteiligung an politischer Entscheidung und Beratschlagung mit unterschiedlicher Begründung: Prozedurale Theorien sehen die Gründe für allgemeine und gleiche Beteiligung eher in der daraus entstehenden Konformität mit Grundrechten sowie in der höheren Fairness und/oder Repräsentativität der Verfahren, wogegen epistemische Theorien, zu denen die meisten deliberativen Theorien gehören, diese Frage mit dem Hinweis auf die bei allgemeiner Beteiligung vernünftigerweise zu vermutende höhere wissenschaftliche Qualität der Ergebnisse beantworten.

Zu Frage 3: Gibt es eine Rechtfertigung ungleicher Gewichtung der Stimmen?

Rechtfertigung politischer Ungleichheit unter nicht-idealen Bedingungen

Ganz anders als in Descartes' oben zitierter These der Gleichverteilung des Verstandes liest es sich beim deutschen Aufklärer Friedrich Schiller (1759–1805), jedenfalls nach den pessimistischen Worten, die er in einem unvollendeten Drama dem Fürsten Leo Sapieha in den Mund legt: »Verstand ist stets bei Wen'gen nur gewesen« (Schiller, *Demetrius*, I.1, v. 461). Zu diesem allgemeinen Urteil kommen an jener Stelle noch soziale Qualifizierungen hinzu: Besitzlose kümmern sich aus Not nicht um die Allgemeinheit; Bettler haben keine Wahl; wer nichts hat, dessen Stimme ist käuflich. Aus all diesen Gründen verachtet Sapieha Mehrheitsentscheide, verlangt ein ungleiches Gewichten statt des reinen Zählens der Stimmen und bekräftig sein Vetorecht. »Der Staat muss untergehen, früh oder spät, wo Mehrheit siegt und Unverstand entscheidet« (ebd. v. 462–468).[6] So ganz falsch liegt Schillers Sapieha gemäß der aktuellen empirischen Forschung insofern nicht, als die nach der Mehrheitsregel operierende Wahl-Demokratie mit allgemeiner Beteiligung unter Bedingungen extremer

Armut, extremer sozio-ökonomischer Ungleichheit und gewaltsamer Konflikte schlecht funktioniert, weil Menschen bereit sind, für geringe Belohnung ihre Stimme zu verkaufen, wenig Zugang zu Information haben, aus Furcht für die Mächtigen stimmen oder sich diesen gewaltsam entgegenstellen (Przeworski 1991; 2008).

Diese kontextuellen Einschränkungen bedeuten aber nicht, dass ein politisches System durch Verzicht auf Wahlen mit allgemeiner und gleicher Beteiligung aller Mitglieder der politischen Gemeinschaft aus dieser defekten Demokratie besser zur »embedded democracy« findet als durch die beständige Praxis und Korrektur von demokratischen Entscheiden unter nicht-optimalen Bedingungen. Ausgenommen werden können von diesem Urteil nur massiv gewaltsame Konflikte, die die Abhaltung von auch nur annähernd fairen Wahlen verhindern oder in denen die Wahlen selbst mehr Gewalt verursachen (Collier 2010; Cederman et al. 2012). Allgemein kann mit Descartes aber davon ausgegangen werden, dass sich das praktische Urteil mit der Zeit verbessert, falls eigene oder mitverantwortete Entscheide aufgrund der am eigenen Leib erfahrenen Folgen vorangehender Entscheide periodisch korrigiert werden können (Surowiecki 2005). Es gibt in dieser Beziehung eine *bootstrapping*-Vermutung: Wahlen begünstigen mit der Zeit die Entwicklung von Rechtsstaatlichkeit. Diese wiederum verbessert die Repräsentativität und Fairness der Wahlen. Es ist somit vertretbar, Wahl-Demokratie mit allgemeiner Beteiligung unter nicht-optimalen Bedingungen zu praktizieren, weil dieser Prozess mit der Zeit auch die institutionellen rechtsstaatlichen Bedingungen befördern kann, unter denen er stattfindet.

Kollektive politische Repräsentation impliziert ungleiche individuelle Beteiligung, weil die Stimmen von Kollektiven trotz ungleicher Anzahl von Mitgliedern gleich gewichtetet werden. Gruppenspezifische individuelle Ungleichheiten werden entweder mit territorialer oder sozialer Differenzierung verteidigt. Föderalistische Theorien weisen darauf hin, dass territorial differenzierte Ungleichheiten in föderalen politischen Gebilden analytisch zwingend sind. Die gleiche kollektive Vertretung von Bürgerinnen und Bürgern in übergeordneten Gemeinwesen durch das Prinzip »eine Person – eine Stimme« impliziert bei Gemeinwesen mit ungleicher Mitgliederzahl eine ungleiche Vertretung der Individuen. Andererseits bedeutet unter derselben Vorausetzung der ungleichen Mitgliederzahl der Gemeinwesen eine gleiche Vertretung aller Mitglieder aller Gemeinwesen eine Ungleichbehandlung der Gemeinwesen. Diese Theorien beinhalten nicht unbedingt eine Absage an liberale Grundrechte oder die Behauptung des intrinsischen Werts einer Gemeinschaft, sondern sie argumentieren oft mit dem besseren Schutz individueller Rechte durch niederstufige Selbstregierung von Gruppen und durch kollektive politische Vertretung. Zugrunde liegen diesen Positionen verschiedene Analysen, wonach Freiheit von Menschen unterschiedlicher Sprache und Lebensform nicht nur durch politische Gleichheit, sondern auch durch die Beachtung und den Schutz der Differenz zwischen politischen Gemeinwesen oder Gruppen befördert wird (Kymlicka 1989; 1996; 2001; Young 2005). Föderalistische Theorien stellen also die allgemeine und gleiche politische Beteiligung im je gleichen territorial bestimmten Gemeinwesen nicht unbedingt infrage, sie akzeptieren aber einen Kompromiss zwischen politischer Gleichheit von Gemeinwesen in einem föderalen politischen Gemeinwesen und politischer

Gleichheit von Mitgliedern des zusammengesetzten Gemeinwesens.

Weitergehende ethnografische, genderorientierte oder allgemein dem Ideal der Nicht-Beherrschung (*non-domination*) verpflichtete »Stakeholder«-Theorien stellen allerdings die strikt individuell verstandene politische Gleichheit auch innerhalb der territorialen Grenzen eines Gemeinwesens zur Debatte oder gar infrage. Dies führt in der Regel zu Ansprüchen von kollektiven Rechten, wie zum Beispiel Quoten oder politischen Vertretungskörperschaften. Nicht-territoriale demokratische Föderalismustheorien basieren auf einem Gruppenmerkmal subjektiver Eigenzuschreibung, wie etwa Sprache oder Ethnie, und der Begründung einer kollektiven Vertretung mit bestimmten politischen Kompetenzen. Empirische Studien zeigen, dass solche Strukturen Konflikte entschärfen und einer politischen Lösung zuführen können (Coakley 1994). Die Beispiele in der Praxis sind äußerst vielfältig und reichen vom belgischen oder kanadischen Föderalismus (Taylor 1993; Jacobs/Swyngedouw 2003) bis zur Quotenvertretung von indigenen Völkern im kolumbianischen Parlament (Verfassung Kolumbiens, Art. 171).

Rechtfertigungen individuell ungleicher politischer Beteiligung

Neben Theorien, die bestehende gruppenspezifische politische Ungleichheit erklären oder als Konfliktlösung vorschlagen, gibt es solche, die eine individuelle Proportionalität von Rechten politischer Einflussnahme zu begründen versuchen. Als Begründung liegt dieser Theorie das Betroffenheitsprinzip zugrunde. Es besagt, dass alle von einer Entscheidung Betroffenen an dieser Entscheidung beteiligt werden sollten. Einige Autoren fordern, dass die formale politische Gleichheit (»eine Person – eine Stimme«)

unter Berücksichtigung ungleicher individueller Betroffenheit durch asymmetrische Gewichtung der Stimmen ersetzt werden sollte (Dahl 1970: 64; Brighouse/Fleurbaey 2010).

Das Problem dieser normativen Theorie ist – neben der praktischen Unmöglichkeit, für jede politische Entscheidung den Betroffenheitsgrad eines jeden Akteurs in Bezug auf den Betroffenheitsgrad eines jeden anderen Akteurs festzulegen –, dass von einer direkten Anwendung des Betroffenheitsprinzips vorschnell auf eine gerechtere Verteilung der politischen Einflussmöglichkeiten geschlossen wird. In einem System proportionaler Beteiligungsgewichtung würde sich die tatsächliche politische Macht auf die Personen verschieben, die den Betroffenheitsgrad der Individuen festlegen. Das System erhält somit einen autoritären Kern oder es hebt sich selbst wieder auf: Um Autoritarismus zu vermeiden, müssten die den Betroffenheitsgrad bestimmenden Personen gewählt werden; um Zirkularität zu vermeiden, müssten diese Personen nach dem Prinzip »eine Person – eine Stimme« gewählt werden.

Ausgenommen von dieser Kritik sind Vorschläge, in denen die Ungleichverteilung nach einfachen, objektiv messbaren Kriterien erfolgt. Beispiele sind, dass Eltern zusätzlich noch eine Stimme für jedes ihrer Kinder bekommen – im Hinblick auf eine bessere politische Repräsentation von Kindern und langfristigen Interessen (Rupprecht 2012; Van Parijs 1998). In einem solchen Fall werden aber nicht Stimmen ungleich gewichtet, sondern das Prinzip »eine Person – eine Stimme« wird auf Kinder übertragen und treuhänderisch für diese ausgeübt.

Zu Frage 4: In welchem Verhältnis sollen in einem demokratischen Verfahren Beratschlagung und Entscheidung stehen?

Die demokratischen Verfahren sollen die Präferenzen und Interessen der Bürgerinnen und Bürger möglichst angemessen abbilden und bündeln: Das ist das Grundanliegen einer liberalen, oft auch als aggregativ oder ökonomisch bezeichneten Theorie. Demokratische Verfahren sollen gemeinwohlorientiertes gemeinsames Handeln befördern und verwirklichen: Das ist das Anliegen der deliberativen Theorie. Zur Frage, wie die Präfrenzen und Interessen der Bürgerinnen und Bürger am besten zustande kommen und berücksichtigt werden sollen oder wie gemeinwohlorientiertes gemeinsames Handeln ausgestaltet werden kann und soll, äußern sich die Theorien der liberalen und der deliberativen Demokratietheorie sehr vielfältig.

Aggregative (ökonomische) Theorien der Verfahren

Ausgehend von individuellen Interessen geht die ökonomisch-rationale Position davon aus, dass jede Person möglichst unabhängig und eigenständig ihre Präferenzen und Interessen ausloten und dann ihren Interessen entsprechend ihre Stimme zu einer Sachfrage oder der Wahl von Vertreterinnen und Vertretern abgibt (Downs 1957). Das legitime Resultat einer demokratischen Wahl oder Abstimmung ergibt sich in dem Fall aus dem Auszählen von eigenständigen individuellen Äußerungen von Präferenzen oder Interessen in einem Verfahren, das auf dem normativen Prinzip »eine Person – eine Stimme« und verschiedenen Freiheitsrechten beruht. Jede kollektive Entscheidung setzt sich aus Einzelentscheidungen nach Verfahrensregeln zusammen. Es wird in dieser aggregativen Theorie davon ausgegangen, dass es keine rationale Bestimmung der Ziele oder des Gemeinwohls gibt, die durch das bessere Argument gefunden werden kann. Vielmehr liegt ein Rationalitätsverständnis zugrunde, das nur die Wahl der Mittel als rational betrachtet. Ein Mönch, der sich mit Gott vereinen will und alle Logik und alles lustvolle Streben zu überwinden sucht, handelt rational (Downs 1957: 5). Nicht das Wissen, ob die Ziele des Mönches oder irgendeiner Person rational sind oder nicht, entscheidet über die Frage der Rationalität und somit der wissenschaftlich begründeten Theorie der Demokratie, sondern das Wissen darüber, dass eine Person ein solches Ziel verfolgt, und die Voraussetzung, dass die Person diejenigen Mittel, die sie ihrem eigenen Ziel näherbringen, vorzieht und solche, die sie vom Erreichen des eigenen Zieles abhalten, ablehnt. Somit liefert die Aggregation von individuellen Interessen nach rationalen Entscheidungsregeln das wissenschaftlich am bestmöglichen nachvollziehbare Resultat. Alle haben in der Regel Präferenzen bezüglich wichtiger politischer Sachfragen. Damit das ganze Unterfangen überhaupt Sinn macht, muss in einer – wenn auch idealisierten Weise – davon ausgegangen werden, dass die Präferenzen rational nachvollziehbar und nicht völlig zufällig (*random*) oder sachfremd sind (Downs 1957: 4). Falls Menschen bezüglich einer Frage keine Präferenzen haben, was gut möglich ist, oder sich nicht betroffen oder hinlänglich informiert fühlen, steht es ihnen frei, einer Wahl oder Abstimmung fernzubleiben. Auch kann davon ausgegangen werden, dass sie das Resultat nicht einseitig beeinflussen, weil sich ihre Entscheidungen zufällig auf das Spektrum der abgegebenen Stimmen streut. Wenn sie aber für die Ziele anderer und nicht die eigenen einstehen, verzerrt sich das Bild der Demokratie als Aggregation von rationalen und eigenen Präferenzen. Die empirisch beobachtbare sozialpsychologische Dimension der Persönlichkeitsstruktur und des Verhaltens werden also in diesem Ansatz modellhaft ausgeblendet, was seine Vertreter auch offenlegen. Es wird von einem rationalen Durchschnittsmenschen ausgegangen, der seine eigenen Ziele erreichen will, was auch immer diese Ziele sind. Allerdings kennt diese Person die Zukunft nicht, sodass auch in diesem Ansatz nicht einfach von einem maschinellen Kalkül ausgegangen werden kann. Die rationale Wahl des demokratischen Verfassungssystems ist unter diesen Umständen bereits bei Vertretern der ökonomischen Demokratietheorie eine Wahl, deren Bedingungen dem später von Rawls entwickelten Schleier des Nichtwissens sehr nahekommen oder diesen sogar antizipieren (Buchanan/Tullock 1996: 78). Es wird trotz Unsicherheit von politisch Handelnden ausgegangen, die die Abstimmungen und Wahlen lieber gewinnen als verlieren, unabhängig davon, was sie in ihren Parteiprogrammen für Ziele verfolgen, und unter Absehung davon, welche Annahmen sie über die Zukunft treffen. Das bedeutet, dass dieser ökonomische Ansatz der Demokratietheorie nur methodologisch individualistisch und aggregativ ist. Die ökonomischen Ziele der politisch Handelnden können kollektivistisch sein. Sie können für die Verstaatlichung der Industrie oder für die Marktwirtschaft oder für irgendeine andere Wirtschaftsform einstehen.

Es wird nicht von Menschen ausgegangen, die sich nicht irren. Man kann sich rational irren, besonders bezüglich der Einschätzung der Zukunft. Rationalität schließt Irrtum nicht aus, ihr Begriff impliziert aber, dass man sich einer Korrektur von Irrtümern aufgrund neuer Information nicht verschließt. Das bringt eine Unsicherheit in die wissenschaftliche Beweisführung dieses rationalen demokratietheoretischen Ansatzes, weil sich die Frage auf das Vorhandensein und die effektive Einsicht in Information durch die Akteure verschiebt. Eine ökonomische Demokratietheorie auf der Grundlage der empirischen Verhaltensökonomie wird deshalb in neueren Publikationen zwar angestrebt, aber ein wirklich brauchbares Modell liegt noch nicht vor (Kelly 2012). Eine weitere Schwierigkeit des Ansatzes bildet die Frage nach rationalem Handeln angesichts massiv irrationaler Verhaltensweisen anderer. Kurz gesagt: Es ist irrational, sich inmitten von irrational Handelnden rational zu verhalten. Auch Downs stellt die Frage, ob sein rationales ökonomisches Modell in Situationen, in denen andere massiv irrational handeln, nicht unbrauchbar wird, und antwortet, dass dieser Einwand nur für das totale Chaos gelte. Solange im irrationalen Verhalten der Menschen auch nur annähernd ein Muster festgestellt werden kann, gibt es die Möglichkeit, in einem solchen Umfeld Ziele rational zu verfolgen (Downs 1957: 10 f.). Amartya Sen hat an einem formalen Modell gezeigt, dass in strategischer Interaktion die »rationale« Wahl, die Akteure (in Übereinstimmung mit ihren Eigeninteressen) treffen, nicht mit ihren eigentlichen Präferenzen übereinstimmt, weil im Gefangenendilemma das Entscheidungsgleichgewicht (*nash-equilibrium*) bei einem für alle Beteiligten suboptimalen Resultat liegt. Allerdings gilt das für eine strategische Interaktion ohne vorher feststehende verbindliche Regeln. Sobald bei den Personen eine reziproke Erwartung der Einhaltung bestimmter Verpflichtungen (*commitments*) besteht, gibt es die rationale Möglichkeit, dass die tatsächliche Wahl der Akteure auch den Präferenzen entspricht (Sen 1977).

Diese Beschreibung gilt insgesamt dem einen Pol: einer aggregativen Demokratietheorie, für die die *gleiche* Respektierung rationaler individueller Meinungen bei der kollektiven Entscheidung entscheidend ist. Die wechselseitige Beratschlagung der Bürgerinnen und Bürger ist in einem liberalen System eine durch Meinungsäußerungs- und Versammlungsfreiheit garantierte Möglichkeit. Die Legitimität der kollektiven Entscheidungen als solche wird aber nicht notwendigerweise von einer vorangehenden Deliberation abhängig gemacht. Die Betonung liegt auf der Autonomie und Rationalität der Entscheidungen der Einzelnen und deren Aggregation in einem Entscheidungsverfahren. Auch die

Wahl der Entscheidungsverfahren wird durch diese rationale Methode analysiert. Demnach werden die Verfahren vom Interessenstandpunkt der Akteure aus gemäß ihrer formalen Ergebnisbeeinflussung gemessen. Man setzt voraus, dass Wahl und Abstimmungsverfahren, die den eigenen Standpunkt befördern, von den rationalen Akteuren vorgezogen werden, was auch immer dieser Standpunkt ist. Die Analyse der Beförderung der Eigeninteressen muss auf zwei Arten von Kosten achten. Erstens die Kosten, die einem Akteur entstehen, wenn nicht der Akteur selbst, sondern irgendwelche Personen der Gruppe die Entscheidung fällen. Es kann erwartet werden, dass der Einzelperson aus Entscheidungen, die sie nicht selber trifft, Kosten anfallen, die andere auf sie abschieben. Je mehr Personen der Gruppe sich an der Entscheidung beteiligen, desto niedriger wird dieser wahrscheinliche Kostenwert für die Einzelperson. Aus dieser Sicht gibt es ein Präjudiz für die Konsensdemokratie. Bei kollektivem Entscheiden schützt die Einstimmigkeitsregel die Einzelnen am besten vor externen Kosten durch die Entscheidung anderer. Die Gegenrechnung wird durch die Entscheidungskosten gemacht. Das Finden eines Konsens ist ebenfalls mit hohen Kosten verbunden, sodass es nicht rational ist, in jedem Fall an der Einstimmigkeitsregel festzuhalten. Setzt man diese beiden Kosten miteinander in Verbindung, kommt man zu einem Punkt, der ungefähr in der Mitte zwischen Einzelentscheidung und Einstimmigkeitsentscheidung liegt, also zum Mehrheitsprinzip. Allerdings gibt es nicht für alle möglichen Fälle das eine rationale kollektive Entscheidungsverfahren. Was die Grundrechte anbelangt, ist es für den Einzelnen rational, den Kostengleichgewichtspunkt bei einer sehr hohen qualifizierten Mehrheit, womöglich bei Einstimmigkeit (Vetoposition) anzusetzen, wogegen für andere Bereiche dieser Punkt sehr viel tiefer angesetzt werden kann. Insgesamt ergibt sich aber eine rationale Wahl für einen demokratischen Verfassungsstaat, der für verschiedene Bereiche des kollektiven Handelns verschiedene kollektive Entscheidungsregeln von vornherein festlegt (Buchanan/Tullock 1996: 63–84).

Deliberation ist vom normativen Standpunkt einer aggregativen, rationalen Demokratietheorie aus gesehen keine notwendige Bedingung demokratischer Legitimation. Die Demokratie zielt nicht explizit und bewusst auf eine allgemeine Wahrheit hinsichtlich des Gemeinwohls, sondern beschränkt sich darauf, Interessen angemessen zu aggregieren. In einer anspruchsloseren Version, in der davon ausgegangen wird, dass die Menschen ihre Interessen nicht wirklich kennen oder aber die Mechanismen der Verwirklichung ihrer Interessen nicht durchschauen, beschränkt sich die Theorie auf einen möglichst freien und fairen Wettbewerb der Eliten um die Regierungsmacht, wobei nicht einmal davon ausgegangen werden kann, dass das Regierungshandeln die Präferenzen der Wählenden ausführt (Schumpeter 2006: 269–283).

Deliberative Theorien der Verfahren

Spätestens seit der bei Thukydides überlieferten Grabrede des Perikles und den Überlegungen in Aristoteles' *Rhetorik* (I, Kap. 3–4) sowie in der Moderne aufgegriffenen Gedanken bei u. a. Edmund Burke, John Stuart Mill oder John Dewey gibt es im Gegensatz zum Modell der Demokratie als Interessenaggregation eine Theorie, welche die Qualität der Regierung von der öffentlichen Beratschlagung abhängig macht, die der kollektiven Mehrheitsentscheidung vorausgeht oder deren Notwendigkeit im Fluchtpunkt der Zustimmung zum besten Argument zum Verschwinden bringt (Elster 1998: 4 f.; Bohman/Rehg 1997: ix-xxx). Perikles lässt dabei noch zwei Möglichkeiten offen, wenn er sagt, dass sich die athenischen Bürger entweder selbst ein richtiges Urteil bilden oder die Ratschläge anderer mit Einsicht beherzigen (Thukydides, *Peloponnesischer Krieg*, II. 40). Das eine kann als selbstbezügliche Beratschlagung einer jeden einzelnen Person (*deliberation within*) und das andere als gemeinsame Beratschlagung verstanden werden (Goodin 2000). Joseph M. Bessette (1980) war höchstwahrscheinlich der Erste, der das Demokratieverständnis des Primats der öffentlichen Beratschlagung vor der kollektiven Entscheidung »deliberative Demokratie« nannte. Seither wurde es prominent weiterentwickelt, wobei der öffentliche Gebrauch der Vernunft einen zentralen Gedanken bildet: Gemeint ist, dass Bürgerinnen und Bürger nicht um Kompromisse oder wechselseitig vorteilhafte Lösungen feilschen, sondern sich in der Entscheidungsfindung auf allseitig akzeptable Gründe und verallgemeinerungsfähige Prinzipien beziehen. Dabei müssen sie darauf achten, dass in ihrer Deliberation Machtasymmetrien möglichst ausgeschaltet werden. Die deliberative Demokratietheorie legt demnach Wert auf die inhaltliche Qualität der Beratschlagung durch Austausch von Gründen (im Gegensatz zum reinen Aufeinandertreffen von partikularen Interessen) und auf die Bedingungen, unter denen die Beratschlagung möglichst frei und fair stattfinden kann.

Es gibt innerhalb dieses Theorierahmens eine Vielzahl von Variationen und zusätzlichen Gesichtspunkten. Am einen Ende des Spektrums befindet sich eine Position, nach deren Grundidee die Legitimationsquelle des Rechts nicht im Streben der Menschen mit gegensätzlichen Interessen, sondern nur in der gemeinwohlorientierten Vernunft bestehen kann. Aristoteles' Bezeichnung des Gesetzes als »Vernunft ohne Streben« (Aristoteles 1973: 1287a 34: 133) steht seit Jahrhunderten Pate für diese Ansicht. Jürgen Habermas charakterisierte das demokratische Ideal der öffentlichen Debatte als kritische Abkehr von jeglichem Partikularanspruch im Namen von reinen Standards der Vernunft und der »Kraft des besseren Arguments« in allgemeinen Angelegenheiten (Habermas 1995; 2004: 119). Interessenfreie Gemeinwohlorientierung konstituiert das kommunikative Handeln – im Gegensatz zum strategischen Handeln, das auf eine Maximierung der Eigeninteressen ausgerichtet bleibt. Demokratische Deliberation und Entscheidungsfindung soll im Zeichen kommunikativen und nicht-strategischen Handelns stehen und sich am Ideal der herrschaftsfreien Sprechsituation orientieren (Habermas 1995). Die praktische Vernunft entzieht sich darin der Interessenvermittlung und hebt sich auf das Niveau einer »höherstufigen Intersubjektivität« und »subjektlosen Kommunikation« in Übereinstimmung mit den Argumentationsstandards des kommunikativen Telos der Sprache.[7] Die Beratschlagung findet statt im Zeichen einer »Parität, auf deren Basis allein die Autorität des Arguments gegen die der sozialen Hierarchie sich behaupten und am Ende auch durchsetzen kann« (Habermas 2004: 97). In diesem Punkt findet sich auch eine positive Bezugnahme von Habermas auf Carl Schmitt, dem zufolge das Gesetz nicht den Willen, auch nicht den Willen aller, sondern das »Vernünftig-Allgemeine« zur politischen Bestimmung hat (Habermas 2004: 151; Schmitt 1996: 56–63). Joseph Schumpeter (1922: 329 f.) machte das allgemeine Wahlrecht für den Niedergang der deliberativen Qualität der Demokratie verantwortlich, da die Diskussionen nicht mehr intern unter Eliten und sachlich, sondern nach außen hin und im Hinblick auf die nächsten Wahlen nur noch in polarisierter und agitatorischer Form stattfänden. Parteien repräsentierten irreduzible Interessen sozialer Klassen und hätten einander nichts zu sagen. Eine ähnlich gegensätzliche Sicht von vernünftig begründeter Meinung und Interessenvertretung findet sich auch bei Hannah Arendt in ihrer Kritik der Demokratie als Interessenaggregation und Wohlfahrtsallokation. Letztlich beruhe ein solches System auf rein privaten Interessen und machtpolitischer Erpressung anstatt auf gemeinsamem Handeln und gemeinsamer Beratschlagung. Arendt bannte nicht nur materielle Interessenkonflikte, sondern auch den Zwang durch die Mehrheitsregel und das Plebiszit aus dem Begriff einer legitimen, auf vernünftige Meinungsbildung angelegten Demokratie (Arendt 2011: 292 f.).

Am anderen Ende des Spektrums der deliberativen Demokratietheorie stehen Positionen, die das Ideal der Verflüchtigung individueller Interessen in einer idealen Prozedur der Annäherung an die besten Gründe ablehnen. Die Vorstellung, dass Menschen aufhören sollen, unterschiedliche Personen zu sein und eigene Interessen zu vertreten, um in der Einheit des Intellekts oder der »subjektlosen Prozedur« (Habermas) aufzugehen, wird verworfen (Shapiro 1999). Das Recht auf die Vertretung eines subjektiven Interessenstandpunkts und letztlich auf eine partikulare Subjektivität würde ansonsten unzulässig und geradezu undemokratisch verneint. Außerdem sei es nicht möglich, Verteilungskonflikte durch Rückgriff auf den Begriff des Allgemeinwohls aufzulösen. Die Verdrängung von partikularen Interessenpositionen und der wechselseitigen Infragestellung von Interessen verhindert den gemeinsamen Verständigungsprozess und verunmöglicht faire Lösungen von existierenden Konflikten. Die Beratschlagung kann Gruppen polarisieren und vom Ideal des vernünftigen Konsenses wegführen (Sunstein 2002). Der kontradiktorische Gegensatz zum Ideal des kommunikativen Handelns ist nicht die Affirmation von Eigeninteresse, sondern die Täuschung in all ihren kruden und subtilen Formen (Warren 2012). Die deliberative Demokratie muss nicht die Interessenartikulation verbieten, sondern Täuschungen entlarven. Dazu ist zum Teil sogar provokative Sprache und irritierendes Verhalten notwendig.

Der Zweck der Beratschlagung muss also darin bestehen, die Interessenlage verschiedenster Akteure für alle transparent zu machen. Es ist schwer vorstellbar, welche Quelle demokratischer Legitimität Lösungen haben könnten, die im Namen des Gemeinwohls die Artikulation von partikularen Interessen von vornherein unterbinden. Solche Lösungen können auch nicht stabil sein. Die Folge dieser Überlegungen ist, dass deliberative Verfahren Interessenaggregation und kollektive Entscheide nach der Mehrheitsregel nicht durch höherstufige Formen rein vernünftiger Kommunikation ersetzen können, sondern diese lediglich dadurch besser vorbereiten, dass sie allen Seiten erlauben, Interessen zu klären und die Interessen der anderen zur Kenntnis zu nehmen, um die eigenen Interessen im Licht der Interessen der anderen neu zu beurteilen. Jenseits einer klaren begrifflichen Unterscheidung erweist es sich auch als schwierig, Interessenkonflikt und Gemeinwohl unter einer Idee demokratischer Legitimität zu verbinden, selbst wenn man das Gemeinwohl utilitaristisch als größten Nutzen für die größte Zahl definiert (Barry 2011). Bestimmte Theorieansätze verbinden deshalb die irreduziblen Verständnisse der Demokratie als präsumtivem vernünftigem Konsens bezüglich des Gemeinwohls einerseits und als Interessenaggregation nach dem Mehrheitsprinzip andererseits in gemischten Ausdrücken wie »Markt und Forum« oder »adversarial and unitary democracy«, ohne den Widerspruch theoretisch aufzulösen (Elster 1986; Mansbridge 1983).

Der Gegensatz von aggregierenden, marktähnlichen und kompetitiven Modellen der Demokratie einerseits und vernünftiger, interessenfreier Deliberation andererseits überzeugt nicht. Einerseits müsste reine Deliberation ohne Subjekte und zum Preis der Verdrängung von nicht berücksichtigten Interessen stattfinden, und andererseits ist auch eine kompetitive Demokratie auf neutrale Rahmenbedingungen angewiesen, die alle Beteiligten notwendig voraussetzen müssen. Die deliberative Qualität der Demokratie führt über eine öffentliche Formulierung von Interessen und Interessengegensätzen im Rahmen von ergebnisoffenen und fairen Verfahren (Bachrach 1974). Das führt zwar unter Umständen zu mehr Konflikt, aber auch zu einem besseren Selbst- und Fremdverständnis der Akteure, ohne das »gemeinsame« Interessen gar nicht identifiziert werden können. Erst auf der Grundlage der konfrontativen Vergewisserung eigener und fremder Interessen kann in einer Gesellschaft eine höherstufige Form der Verhandlung und Beratschlagung erreicht werden (Mansbridge 2006). Ohne Konflikt führt Deliberation zu einer stillschweigenden Unterdrückung anstatt zur Klärung von Interessen. Ohne gemeinsame Suche nach einer Lösung, die besser ist als die beste Alternative zu einer gemeinsamen Lösung, bleiben partikulare Interessen in Nullsummenspielen suboptimal verwirklicht und wechselseitig vorteilhafte Lösungen womöglich unentdeckt (Forester 1999; Mansbridge 2006: 120 f.). Um allseitig gütliche Lösungen zu finden, müssen die formalen Verhandlungsbedingungen ergebnisneutral sein, und die Verhandlungsparteien müssen sich in die Lage der jeweils anderen Partei versetzen. Es handelt sich also trotz des Geltenlassens der Affirmation partikularer Interessen durchaus um eine normativ anspruchsvolle Form von Demokratie.

Die Möglichkeit von allseitig gütlichen Lösungen hängt auch von den Inhalten des Dissenses ab. Je grundsätzlicher der Dissens, desto wichtiger wird es, auf interessenunabhängige Vernunftprinzipien und ergebnisoffene Verfahren zurückzugreifen; das heißt, Verfahren und Lösungen müssen an dem Standard gemessen werden, ob sie Gegenstand von vernünftiger Zustimmung zwischen Freien und Gleichen sein könnten (Chambers 2006: 187 f.). Neuere Forschung zeigt, dass Verhandlungen hinter verschlossenen Türen solchen Lösungen eher zuträglich sind als offene Verhandlungen, in denen die Interessenvertreter ihrer Basis dauernd ihre Unnachgiebigkeit beweisen müssen (Bächtiger et al. 2005; Steiner 2012). Wie auch immer die besten Bedingungen von vernünftiger Beratschlagung ausfallen mögen, im Fall eines bleibenden Dissenses und eines gleichzeitigen Zwangs, gemeinsam zu handeln, fällt jede Gruppe oder jeder Demos früher oder später auf die Notwendigkeit der Aggregation von Stimmen durch Mehrheitsentscheid zurück. Falls die Zustimmung der Verlierer (*losers' consent*) zu diesen Verfahren fehlt, ist Demokratie nicht möglich (Anderson et al. 2007). In der Bilanz lässt sich sagen, dass auch radikale und deliberative Theorien von einem pluralistischen Ideal der Beratschlagung ausgehen müssen, das die Artikulation partikularer Eigeninteressen von Individuen und Gruppen nicht als prinzipiell illegitim betrachtet, sondern als nachvollziehbare Voraussetzung eines genuinen demokratischen Prozesses. Die Theorien unterscheiden sich aber darin, dass einige von ihnen Interessenartikulation als Teil der Deliberation betrachten und andere nur als deren Vorstufe.[8] Jane Mansbridge (2006) schlägt folgende Lösung vor: Während der Deliberation sollen gemeinsame und konträre Interessen geklärt werden. In der Entscheidung soll das Gemeinwohl gewählt werden. Ist dies nicht möglich oder dieses nicht bekannt, soll eine faire Verhandlungslösung gewählt werden. Ist auch dies nicht möglich, soll jede Person in einem formal ergebnisoffenen Mehrheitsverfahren für ihre Interessen stimmen.

Zu Frage 5: Ist Auslosung ein demokratischeres Verfahren als Wahl oder Abstimmung nach dem Mehrheitsprinzip?

Die antike griechische Demokratie hat während einer bestimmten Periode die Ämter nicht durch Mehrheitswahl vergeben, sondern durch das Los (Plato 1971: VIII, 557a). Die Begründung dafür liegt in der strikten politischen Gleichheit der Bürger: Kein

Bürger hat mehr Anspruch auf ein Amt als ein anderer, und es gibt keinen demokratischen, nur einen aristokratischen Grund (Wahl der Besseren), an diesem gleichen Anspruch etwas zu ändern (Montesquieu 1965: II. 2, 109). Unter Voraussetzung der strikten Gleichheit der Bürger ist das Los die demokratische Art, politische Führungskräfte zu bestimmen.[9] Das Los wurde auch in anderen Epochen wiederholt als Alternative zu Wahlen und Abstimmungen angewendet, insbesondere in den oberitalienischen Stadtstaaten der Renaissance (Dowlen 2008). Die Verlosung von Ämtern ist bis heute nicht aus den Demokratien verschwunden. Geschworene in Gerichtsverhandlungen werden im angelsächsischen Raum oft durch Los bestimmt. In der kanadischen Provinz British Columbia setzte sich das *Citizens' Assembly* (Bürgerversammlung, ein Gremium von 160 Bürgerinnen und Bürgern) durch Losentscheid in bestimmten Kategorien (*nearly random*) zusammen. Dieses ausgeloste Gremium von Bürgern hatte das Mandat, das Wahlsystem zu beurteilen und Reformen vorzuschlagen. Die Forschung begleitete dieses Experiment und gelangte zu einer positiven Bewertung (Warren/Pearse 2008). Die Idee der Ergänzung oder Ersetzung der Wahl-Demokratie mit ausgelosten »Mini-Völkern« (*minipopuli*) geht in der jüngeren Demokratietheorie auf Robert Dahl zurück (Dahl 1989: 340). Das Los wird in der Theorie seit einiger Zeit wieder verstärkt gegen die traditionelle Wahl- und Abstimmungsdemokratie verteidigt oder als Ergänzung und Korrektiv vorgeschlagen (Buchstein 2009; Stone 2011). Die Hauptgründe liegen neben der politischen Gleichheit der Bürgerinnen und Bürger in der Immunität des Verfahrens gegen mangelnde oder arbiträr wechselnde Stimmbeteiligung, Parteienherrschaft und überproportionalen Einfluss von partikularen Interessengruppen, Fehlinformation, rhetorische Manipulation, selektive Mediatisierung und die Beeinflussung der politischen Rechtsgleichheit durch materielle Ungleichheit der Kontrahenten. Das Entscheiden oder Wählen durch Los wird unter nicht-idealen Bedingungen als das einzige ergebnisoffene und egalitäre Verfahren betrachtet. Die meisten Autoren empfehlen aber das Los nur als Wahlverfahren unter Gleichen. Sachentscheide dem Zufall des Loses zu überlassen lehnen sie meist ab (Walzer 1983: 305).

Die Argumente, die gegen das Losverfahren ins Feld geführt werden, gehen zum Teil bis in die Antike zurück. Sie schränken meist in bestimmter Weise die Prämisse ein, dass demokratische Verfahren nicht nur formal, sondern auch inhaltlich ergebnisoffen sein sollen. Ein erster Punkt ist die mangelnde Selektion nach dem Kriterium der Kompetenz. Sokrates führte gemäß Xenophon das Losverfahren *ad absurdum* mit der Frage »Wer würde seinen Piloten durch Los bestimmen wollen?« (Xenophon, *Memorabilia*, I. 2.9). Nimmt man dieses Argument ernst, ist das Los immer noch denkbar, es muss aber zuerst die Gruppe der zu Wählenden auf alle kompetenten Personen eingeschränkt werden. Bei Kompetenzgleichheit wäre das Los also immer noch ein nützliches Entscheidungsinstrument. Zweitens impliziert das Gegenargument, dass nicht alle Bürger gleich sind, weil sie womöglich eine sehr ungleiche Kompetenz zum Regieren oder Bekleiden von politischen Ämtern haben. Das Los ist dafür blind. Diese Überlegung beinhaltet einen anderen Begriff von erwünschter Ergebnisoffenheit. Diese soll nur formal sein und nur das Entscheidungsverfahren betreffen, impliziert aber nicht, dass es nicht mehr oder weniger zustimmungswürdige Ergebnisse gibt, die durch deliberative und aggregative Verfahren eruiert werden sollen. Das Verfahren der Entscheidung soll für diesen Fall formal ergebnisoffen sein, aber die Entscheidung soll durch Aggregation der möglichst vernunftbasierten Zustimmungen und nicht durch blindes Los erfolgen. Ob man dieses Argument anerkennt, hängt entscheidend von der Beurteilung der Rolle von Gründen in demokratischen Deliberationen und Entscheidungsprozeduren ab. Ein wichtiger Autor in der Debatte führt als Hauptvorteil von Losverfahren denn auch die »heilende« Ausschaltung von Vernunftgründen bei Entscheidungen an, weil die Wahrscheinlichkeit, dass falsche Gründe überwiegen, zu groß sei (Stone 2011).

Zweitens wird die Legitimität der Selektionierten geschwächt, wenn nicht davon ausgegangen werden kann, dass sie durch mehrheitliche Zustimmung nach Beratschlagung, sondern durch Zufall zu ihrem Amt gekommen sind. Ähnliches gilt für die Legitimität von Sachentscheidungen. Das Wahl- oder Stimmverfahren nach Los passt schlecht zum Verständnis einer zustimmungsbasierten Demokratie vernünftig entscheidender Bürger. Gemäß Bernard Manin (Manin 2007) ist dies der Grund, weshalb sich das Los im Demokratieverständnis der Moderne schlicht nicht durchsetzen konnte. Demokratische Legitimität beruht auf der Zustimmung der Bürger zu einer Person und ihrem Programm. Hält man dies allerdings für einen frommen Wunsch, der sich aufgrund der Verzerrung der kollektiven Entscheidungen durch die Verfahren nicht realisieren lässt, ist das Losverfahren unter Umständen eine Alternative zur Verhinderung oligarchischer und autoritärer Unterwanderung der Demokratie. Das Losverfahren stünde also zwischen dem unerreichbaren Ideal einer vernunftbasierten Zustimmungsdemokratie und einer die politische Gleichheit negierenden Aristokratie. Allerdings kann man sich auf den Standpunkt stellen, dass das Ideal der vernunftbasierten Zustimmung in der Demokratie zwar nur unvollkommen eingelöst wird, es aber dennoch zumindest angestrebt und nicht durch das blinde Los ersetzt werden sollte. Die nüchterne, zuweilen resignierte Betrachtung der Möglichkeit, in demokratischen Wahlverfahren zustimmungswürdige Gründe in eine kollektive Entscheidung münden zu lassen, fußt ja ihrerseits auf dem Begründungsanspruch von Entscheidungen. Dieser wird durch das Los nur dann eingelöst, wenn sich die guten Gründe und Nachteile für eine jede mögliche Entscheidung die Waage halten und dies auch von den Beteiligten so gesehen wird. Ist dies nicht der Fall, haftet an der Losentscheidung ein Begründungsdefizit, das schnell in ein grundsätzliches Legitimitätsdefizit münden kann. In Kürze zusammengefasst: Das Los ist gemäß dieser Argumentation nicht die bessere Alternative zur zustimmungsbasierten Entscheidung, sondern lediglich ein geringeres Übel als die Diktatur – und auch das nur unter Bedingungen der Gleichheit der guten Gründe für jede mögliche Entscheidung. Solange der Begründungsanspruch nicht aufgegeben wird und nicht jede mögliche Entscheidung gleich gute Gründe für sich beanspruchen kann, leiden Losentscheidungen unter mangelnder Legitimität.

Diese Argumente gegen das Los müssen allerdings korrekt auf die konkret vorgeschlagenen Modelle der Losentscheidungen in der Demokratie angewendet werden. Bei der Idee von ausgelosten »Mini-Völkern«, die zum Beispiel in British Columbia (Kanada) beim *Citizens' Assembly* zur Anwendung kam, ist erstens die Selektion nicht völlig zufällig, sondern es wurde den Kriterien von Gender, Alter sowie der geografischen Verteilung Rechnung getragen und dann gelost. Zweitens haben diese »Mini-Völker« nur legislative, keine exekutive Kompetenz. Es werden also keine »Piloten« gewählt, sondern das Volk wird durch Los ohne Einfluss verzerrender Faktoren auf ein handlungsfähiges, gesetzgebendes »Mini-Volk« reduziert. Drittens werden die Entscheidungen in diesen Mini-Völkern nach Beratschlagung durch Aggregation von Zustimmung und nicht mehr durch Los gefällt. Insgesamt zielt dieses Losverfahren also nicht auf eine vollständige Ersetzung der Wahl- und Abstimmungsdemokratie, sondern auf eine Verminderung von Verzerrungen in Wahlverfahren (Geld, Macht, disproportionaler Einfluss von Interessengruppen) durch punktuelle Anwendung von Losverfahren.

Zu Frage 6: Soll die Stimmabgabe geheim oder öffentlich erfolgen?

Die geheime Stimmabgabe ist – spätestens seit 1856 in der australischen Kolonie Victoria eine geheime Wahl stattgefunden hat – gängige Praxis in der Demokratie und ein Indikator für deren Qualität.[10] Sie war auch in vordemokratischer Zeit gängige Praxis in Systemen der Wahlmonarchie. Das Wahl- und Stimmgeheimnis schützt die Privatheit der Bürgermeinung und mindert sozialen Druck und Retorsion. Seine Meinung öffentlich kundzutun ist ein Recht, keine Pflicht. Anders verhält es sich für die Repräsentanten. Deren Stimmabgabe muss in der Regel öffentlich sein, damit die Rechenschaftspflicht gegenüber den Wählenden gewahrt bleibt. Historisch entwickelte sich das Wahlgeheimnis mehr oder weniger zeitgleich mit dem allgemeinen Wahlrecht, was sich nicht als Zufall betrachten lässt: Das Wahlgeheimnis stützt die im allgemeinen Wahlrecht intendierten Ziele des gleichen Zugangs und des gleichen Einflusses.

In den USA kam es zwischen 1888 und 1898 zu einer Reformwelle der Einführung des Wahlgeheimnisses in etwa vierzig Staaten. Verloren ging allerdings nicht nur der Druck auf den Inhalt der Stimmabgabe, sondern auch der soziale Zwang, an der Wahl oder Abstimmung überhaupt teilzunehmen. Außerdem hatte das Wahlgeheimnis weitere Ausschlusseffekte, zu deren Verständnis man sich vor Augen halten muss, dass das Wahlgeheimnis eine Verschriftlichung der zuvor »viva voce« erfolgten Stimmabgabe implizierte. Dessen Einführung konnte deshalb in den Südstaaten der USA als Mittel verstanden werden, Menschen ohne Zugang zu Bildung (explizit vor allem Afroamerikaner) von der Stimmabgabe abzuhalten (Buchstein 2000). Dass die Allgemeinheit des Wahlrechts und das Wahlgeheimnis die Kehrseite derselben Medaille sind, gilt somit nur in Kontexten, in denen die Wählenden hinreichenden Zugang zu Bildung haben.

Wenn davon ausgegangen wird, dass die Stimmabgabe (im Gegensatz zum Los) die Zustimmung zu einer zur Wahl stehenden Person oder zu einem Programm zum Ausdruck bringt, dann kann dieser Akt entweder auf individuelle Interessen oder das gemeinwohlorientierte Urteil der Stimmenden zurückgeführt werden. Beide Motive sind in einem kollektiven Entscheidungsprozess, wie wir bereits erläutert haben, an sich legitim. Die interessenbasierte Stimmabgabe ist mit dem Wahlgeheimnis ohne Weiteres kompatibel, es kann sogar davon ausgegangen werden, dass Letzteres Ersterer förderlich ist. Im Fall des gemeinwohlorientierten Urteils jedoch bedarf es einer Beratschlagung zwischen den Stimmenden. Die öffentliche Stimmabgabe zwingt die Stimmenden, in Übereinstimmung mit ihren in öffentlichen Debatten geäußerten, tendenziell öffentlich begründeten, gemeinwohlorientierten Voten zu stimmen. Die offene Stimmabgabe begünstigt also eine politische Kultur der Gemeinwohlorientierung. Dies wird als Hauptargument gegen das Wahl- und Stimmgeheimnis verwendet (Brennan/Pettit 1990). Es ist allerdings nur dann stichhaltig, wenn Retorsionsmaßnahmen und Benachteiligungen der Stimmenden in der Gesellschaft ausgeschlossen werden können, was äußerst selten der Fall ist. Retorsionsmaßnahmen aller Art sind auch gegen das gemeinwohlorientierte Stimmverhalten möglich. Das Wahlgeheimnis schützt somit beide Verhaltensmuster, die interessenbasierte und die gemeinwohlorientierte Stimmabgabe.

Zu Frage 7: Worin besteht der legitimationsstiftende Wert der Mehrheitsregel?

Die Mehrheitsregel ist eine kollektive Entscheidungsregel, der gemäß diejenige Option oder Person als gewählt gilt, die mehr als die Hälfte der gültigen Stimmen auf sich vereinigt (absolute Mehrheit). Bei Entscheidungen mit mehr als zwei Optionen kommt oft eine andere Variante der Mehrheitsregel zur Anwendung, der gemäß diejenige Option oder Person als gewählt gilt, die eine einfache Mehrheit der Stimmen auf sich vereinigt. Aufgrund der bisher begründeten notwendigen Einbettung der Demokratie in Rechtsstaat, freie Deliberation und Grundrechtsgarantie ist es offensichtlich, dass die Mehrheitsregel für sich allein betrachtet bei Wahlen und Abstimmungen keine hinreichende Bedingung für demokratische Legitimität ist. In der demokratietheoretischen Debatte um das Mehrheitsprinzip geht es deshalb meist nur um deren Notwendigkeit und um die Vorteile im Vergleich zu anderen kollektiven Entscheidungsregeln. Worin aber der legitimationsstiftende Wert der Mehrheitsregel genau besteht, wird in der politischen Philosophie wenig diskutiert. Naheliegend ist folgende Begründung: Bei fehlender Einstimmigkeit bezüglich einer binären Wahl oder einer Ergebnisfestlegung für mehr als zwei Optionen ist die Regel, dass der Entscheid der einfachen oder absoluten Mehrheit gelten soll, die nächstbeste Lösung. Diese Position basiert auf der These der Notwendigkeit und Alternativlosigkeit des Mehrheitsprinzips. Bei mangelnder Einstimmigkeit kann entweder weiter diskutiert oder die Diskussion durch eine Abstimmung beendet werden. Wird abgestimmt, kann entweder die Option mit einer Mehrheit oder diejenige mit einer Minderheit der Stimmen berücksichtigt werden. Ohne zu behaupten, dass die Mehrheit immer die richtige Entscheidung trifft, wäre die systematische Berücksichtigung der Minderheitenposition undemokratisch, da sie auf eine Herrschaft der »Wenigen« (Oligarchie) oder »Besten« (Aristokratie) hinauslaufen würde.

Ob eine qualifizierte (signifikant über fünfzig Prozent) oder absolute Mehrheitsregel (eine Einheit mehr als die Hälfte) zur Anwendung kommen soll, machte zum Beispiel Rousseau von der Dringlichkeit und Tragweite der Entscheidung abhängig, ohne dabei aber das Problem der möglichen Gegenläufigkeit dieser zwei Bedingungen lösen zu können. Bei hoher Dringlichkeit soll die Mehrheit um eine Stimme als hinreichend gelten, bei bedeutungsvollen Entscheidungen mit großer Tragweite sollten hohe qualifizierte Mehrheiten angestrebt werden (Rousseau 1996: IV, Kap. 3). Neben der Tatsache, dass Entscheidungen sowohl dringlich als auch von großer Tragweite sein können, ist das Problem bei dieser Lösung, dass unter Bedingungen geltender Gesetze eine hohe qualifizierte Mehrheitsregel den Status quo bevorteilt, was darauf hinausläuft, dass nicht alle Stimmen gleich viel Gewicht haben. Die Minderheit kann im Rahmen der geforderten Quote die Veränderung verhindern. Wenn es zur Befürwortung einer Vorlage sechzig Prozent der Stimmen braucht, entscheiden vierzig Prozent Nein-Stimmen über den Ausgang der Vorlage, also eine Minderheit. Aus diesem Grund gilt die Regel der absoluten Mehrheit (eine Stimme mehr als die Hälfte der Stimmen) als die formal ergebnisoffenste und dem Prinzip der Gleichheit der Stimmen angemessenste Regel kollektiven Entscheidens: Das Verfahren führt zu einer klaren Entscheidung, und weder die »Veränderer« noch die »Bewahrer« werden durch das Verfahren selbst formal bevorzugt (May 1952).[11] Mit Ausnahme des Loses ist keine kollektive Entscheidungsregel formal so ergebnisoffen wie die absolute Mehrheitsregel (bei zwei Optionen und gleichem Stimmengewicht). Stellt man die Frage nach der korrekten Abbildung der Akzeptanz von Ergebnisfeststellungen aus mindestens drei Optionen, von denen keine die absolute Mehrheit erreicht, gibt es Alternativen zum Mehrheitsprinzip und gegenläufige Vor- und Nachteile der verschiedenen kollektiven Entscheidungsverfahren (siehe Frage 8). Das normative Gewicht der Ergebnisoffenheit einer Entscheidungsregel hängt aber vom Inhalt der abzustimmenden Sache ab.

Neben der formalen Ergebnisoffenheit der Regel der absoluten Mehrheit gibt es noch weitere Argumente für den legitimationsstiftenden Wert dieses Verfahrens, wenn es unter Voraussetzung von Grundrechten und verallgemeinerungsfähigen Prinzipien (zum Beispiel eine Stimme pro Person) zur Anwendung kommt. Auszuräumen ist dabei zunächst ein Missverständnis. John Locke betrachtete die Mehrheitsregel als die natürliche Entscheidungsregel, weil die Mehrheit die größere Kraft (*greater force*) darstelle (Locke: 1980: § 96). In ähnlichem Sinn hielt Georg Simmel die Entscheidung nach dem Mehrheitsverfahren für die Simulation eines Kampfes, damit es nicht zum realen Kräftemessen kommt. Der Minderheit wird durch die Abstimmung klargemacht, dass sie im realen Kampf unterliegen würde und physischer Widerstand zwecklos ist: »Die Abstimmung ist [...] eine Projizierung der realen Kräfte und ihrer Abwägung auf die Ebene der Geistigkeit, eine Antizipation des Ausgangs des konkreten Kämpfens und Zwingens in einem abstrakten Symbole.« (Simmel 1907) Es ist jedoch der Natur der Sache nicht angemessen, die Stimmenmehrheit physikalisch als überlegene Kraft zu verstehen. Simmels Antizipation des Kampfes durch Mehrheitsentscheid kann auch subtiler interpretiert werden, nämlich als Missverständnis mit positiven Folgen, als symbolische Sublimation physischer Brutalität. In Wahrheit besteht aber zwischen der physischen Übermacht und der symbolischen Bedeutung der Mehrheit ein fundamentaler Unterschied. Jeremy Waldron (1999: 124–166) nennt drei Bedingungen, die gegeben sein müssen, wenn der Wahlvorgang nach der Mehrheitsregel wirklich einem physischen Kräftemessen entsprechen würde. Alle drei sind widerlegbar. Erstens müsse die Kohäsion des ganzen physischen Körpers auch nach dem Kräftemessen gegeben sein, die Minderheit müsse immer ganz überwältigt werden. Zweitens müsse die Resultante des Kräftemessens durch einen Vektor dargestellt werden können, der zwischen den beiden Kräftevektoren liegt. Drittens müsse vorausgesetzt werden können, dass alle Teilnehmenden die gleiche physische Macht haben, die, wenn zusammengenommen, auch die größere physische Macht der Mehrheit ergibt. Dass die erste Bedingung nicht erfüllt ist, kann man sich am Beispiel eines knappen Ausgangs von Wahlen oder Abstimmungen vor Augen führen. Die Hinnahme eines knappen Resultates durch eine Minderheit (zum Beispiel 49 Prozent) kann nicht physikalisch erklärt werden, sondern beruht, wie auch von Locke bemerkt, auf einem Akt der Zustimmung zum Verfahren durch die Minderheit und auf einem Akt der Zustimmung, verloren zu haben (*original consent, losers' consent*). Die Kohäsion der Gruppe nach der Abstimmung ist rein physikalisch nicht erklärbar, besonders bei knappen Resultaten. Zur zweiten Bedingung: Bei einem Abstimmungsresultat von zum Beispiel vierzig Prozent zu sechzig Prozent gilt, dass die sechzig Prozent die Abstimmung ganz zu ihren Gunsten entscheiden. Das Resultat kann demnach nicht durch einen Zwischenvektor dargestellt werden, sondern folgt einer Rechtsfiktion der Mehrheit als Allgemeinheit (*winner takes all*). Kompromisse widerlegen diese These nicht, denn ein Kompromiss muss neu eingebracht werden. Falls wieder über ihn abgestimmt wird, gilt dasselbe wie für den ersten Vorschlag: *winner takes all.* Drittens ist offensichtlich, dass nicht alle Teilnehmenden an einer Abstimmung die gleiche physische Macht haben. Eine numerische Minderheit kann sehr wohl physisch überlegen sein (zum Beispiel das Militär) und den Kampf aufnehmen, um die Entscheidung für sich zu beeinflussen.[12] Diese Erläuterungen Waldrons zeigen, dass es sich bei der Kraft einer Mehrheitsentscheidung nicht um eine physische, sondern um eine symbolische handelt. Wodurch lässt sich diese erklären? Die Argumente sind ähnlich gelagert wie bei der Ablehnung der Entscheidung durch das Los. Sie beruhen auf dem Prinzip, dass das zustimmende, ablehnende oder unterlassene Urteil der Einzelnen zählt, und zwar zu gleichen Teilen.

Eine utilitaristische Interpretation, wonach das Mehrheitsprinzip dem Prinzip des größten Nutzens für die größte Zahl entspricht, lässt sich ebenfalls nicht aufrechterhalten. Eine Stimme kann nicht mit einer Nutzeneinheit gleichgesetzt werden, da die Nutzen individuell sehr verschieden sind und der Intensität, nicht der numerischen Einheit der Meinungen entsprechen. Dass jede Stimme einen genau gleichen Nutzen beinhaltet und mit der genau gleichen Intensität abgegeben wird, ist nicht zwingend und empirisch höchst unwahrscheinlich. Die Stimmen werden bei der Anwendung der Mehrheitsregel als gleichwertige Einzelurteile abstrahiert und dann als solche aggregiert. Dieses Verfahren beruht also auf dem normativen Prinzip der grundsätzlichen Gleichwertigkeit des Urteils der Individuen. Kombiniert man diese Voraussetzung mit dem Stimmengeheimnis, dann ist es aus der Sicht des Einzelnen im Prinzip immer möglich, dass die eigene Stimme den Ausschlag gibt.

Der legitimationsstiftende Wert der Mehrheitsregel liegt deshalb bei näherer Betrachtung in der zugrunde liegenden Voraussetzung wechselseitiger Anerkennung des gleichen Wertes der Meinungen und Urteile der beteiligten Personen. Wo abgestimmt wird und jede Stimme gleich viel zählt, herrscht ein strikt symmetrisches Anerkennungsverhältnis. Dieses kann als Kern der legitimationsstiftenden Kraft des Mehrheitsprinzips gelten. Unterschiede bezüglich Kompetenzen, Erfahrungshintergründen, Betroffenheit, Nutzen, Intensität der Meinungen, etc. werden zugunsten der gleichen Anerkennung als Einzelpersonen mit gleichwertigem Urteil ausgeblendet. Zusammengefasst lässt sich sagen, dass die legitimationsstiftende Kraft der Mehrheitsregel in ihrem direkten Bezug zur politischen Gleichheit der Personen und ihrer Urteile sowie, im Fall der absoluten Mehrheitsregel, in ihrer formalen Ergebnisoffenheit begründet ist. Nicht begründet ist sie in einem Anspruch objektiv richtiger Ergebnisse oder in einem für alle Fälle geltenden Gesetz, nach dem die Mehrheit eine größere physikalische Kraft verkörpert oder einen höheren Gesamtnutzen ausweist.

Im Anschluss an diese Überlegung liegt die legitimationsstiftende Kraft der Gesetzgebung nach der Mehrheitsregel grundsätzlich in der Tatsache begründet, dass eine Beteiligung am demokratischen Verfahren als faktische Zustimmung zum Verfahren und damit zur Mehrheitsregel gedeutet werde kann. Mit Locke kann unterstellt werden, dass alle Mitglieder des Gesellschaftsvertrags, die keine Austrittsoption wahrnehmen, einen stummen Konsens (Locke 1980: 63–65) zur Verfassungsordnung und zur Gesetzgebung durch die Mehrheit geben. Die Mehrheitsregel wird somit von den Mitgliedern des Gesellschaftsvertrags einstimmig angenommen. Diese starke These kann infrage gestellt werden, weil es viele mögliche Gründe gibt, nicht auszutreten; Zustimmung zum Verfahren muss nicht unbedingt dazugehören. Aber zumindest alle, die sich an Wahlen und Abstimmungen beteiligen, stimmen damit der Mehrheitsregel zu, so wie alle, die sich an einem Spiel beteiligen, implizit oder explizit den Spielregeln zustimmen. Jedem demokratischen Wahl- und Abstimmungsverfahren liegt die Zustimmung zum Verfahren aller jener zugrunde, die sich beteiligen. Die freiwillige Stimmbeteiligung ist nicht zuletzt deshalb ein wichtiger Indikator demokratischer Legitimität. Unabhängig vom Resultat sagt sie etwas über die Zustimmung zum Mehrheitsverfahren als Kern des demokratischen Systems aus. Der Umkehrschluss gilt allerdings nicht, nicht jede Stimmenthaltung kann als eine Ablehnung des Verfahrens gedeutet werden. Die Demokratie als Mehrheitsgesetzgebung wird durch Wählermobilisierungseffekte legitimatorisch gestärkt.

Frage 8: Worin bestehen die formalen Probleme kollektiven Entscheidens und welche Konsequenzen haben sie für die Demokratie?

Es gibt ein bis auf den mittelalterlichen Philosophen Raimundus Lullus (1232–1316) (Haegele/Pukelsheim 2001) zurückgehendes und im 18. Jahrhundert vom Marquis de Condorcet (1785) für die Nachwelt nachhaltig geprägtes Theoriebündel von Paradoxien und Problemen des gemeinsamen Entscheidens (Hodge 2005; Nurmi 1999).[13] Sie alle bringen formale Probleme des gemeinsamen Entscheidens zum Ausdruck für den Fall, dass es unter mehr als zwei Optionen oder Personen zu wählen gilt. In der aktuellen theoretischen Debatte wird deshalb die sich daran anschließende Frage diskutiert, ob diese Paradoxien die Unmöglichkeit von Demokratie als kollektivem Entscheiden nach der Mehrheitsregel belegen oder ob sie nur das Spektrum eindeutiger und aussagekräftiger Mehrheitsentscheide einschränken. Es geht um folgende Paradoxien: Erstens zeigt das Condorcet-Paradox, dass Mehrheitsentscheide in bestimmten Präferenzkonstellationen zyklisch sein können, weil sich zu drei oder mehr Optionen verschiedene Mehrheiten bilden können.

Stimmende	Erste Präferenz	Zweite Präferenz	Dritte Präferenz
Person 1	A	B	C
Person 2	B	C	A
Person 3	C	A	B

Eine gleiche Anzahl stimmender Personen präferiert jeweils A vor B, B vor C und wiederum C vor A. Es kommt zu keinem klar identifizierbaren Mehrheitsentscheid dieser Präferenzen. In diesem Fall könnte zu einem einfachen Mehrheitskriterium übergegangen werden, dem gemäß die Option oder der Kandidat mit den meisten Stimmen gewinnt (relative Mehrheit). Im obigen Fall ergibt aber auch dieses Verfahrenskriterium keine eindeutige Mehrheit. Das Resultat ist zyklisch, und es kann keine Option identifiziert werden, die von den meisten Stimmenden vorgezogen wird.

Wenn sich eine relative Mehrheit ergibt, was in Wahlen mit einer größeren Zahl von Kandidierenden und Stimmenden oft der Fall ist, haben Wahlgänge mit relativer Mehrheit die Konsequenz, dass Wählende strategisch vorgehen und, anstatt der von ihnen vorgezogenen Person die Stimme zu geben, ihr Votum zur Entscheidung zwischen den beiden voraussichtlichen Gewinnern einsetzen. Kandidierende, die sich keine Chancen auf Gewinn ausrechnen, werden abgeschreckt. Dieser Vorgang beschreibt jedoch kein formales Paradox, sondern eine Dynamik strategischen Entscheidens, die eine eindeutige Mehrheitsentscheidung begünstigt, jedoch das Kriterium der formalen Ergebnisoffenheit des Verfahrens verletzt.

Wie jedoch schon der französische Mathematiker Jean-Charles de Borda (1733–1799) feststellte, gibt es auch bei der Regel der relativen Mehrheit Aggregationsprobleme der Stimmen, zum Beispiel bei Wahlen derselben Personen in unterschiedlichen Wahlkreisen. Wenn der Wahlkreis 1 aus sechzig Stimmenden besteht und die Rangfolge A > B > C wählt, der Wahlkreis 2 aus 55 Stimmenden und Rangfolge C > B > A wählt und der Wahlkreis 3 aus 45 Stimmenden und die Rangfolge B > C > A wählt, wird gemäß relativer Mehrheit A gewählt, obschon 62 Prozent der Stimmenden gegen A sind.

	Gruppe 1: 60	Gruppe 2: 55	Gruppe 3: 45
1. Präferenz	A	C	B
2. Präferenz	B	B	C
3. Präferenz	C	A	A

Mit der sogenannten Borda-Wahl, die sich im Ansatz schon im dritten Teil der *Concordantia Catholica* (1433) des Nikolaus von Kues (1401–1464) ausgearbeitet findet (Haegele/Pukelsheim 2004), kann diesem Problem begegnet werden. Jede stimmende Person gibt ihrer ersten Präferenz 2 Punkte, ihrer zweiten Präferenz 1 Punkt und ihrer dritten 0 Punkte. A bekommt so 60 x 2 + 55 x 0 + 45 x 0 = 120; B bekommt 60 x 1 + 55 x 1 + 45 x 2 = 205; C bekommt 60 x 0 + 55 x 2 + 45 x 1 = 155 Punkte. Der Borda-Gewinner der Wahl ist B.

Der Marquis de Condorcet kritisierte diese Lösungsmethode, weil sie das Kriterium der Unabhängigkeit irrelevanter Alternativen verletzt: Das Wegnehmen von Optionen mit weniger Stimmen sollte die Rangfolge nicht beeinflussen. Bei der Borda-Wahl (und anderen Varianten, die hier nicht diskutiert werden) ist es jedoch im Prinzip möglich, dass der Wegfall der verlierenden Option die Rangfolge der anderen verändert. Ob man sich für die Borda-Wahl entscheidet, hängt unter anderem von der Bedeutung ab, die dem Kriterium der Unabhängigkeit irrelevanter Alternativen zugestanden wird. Sie wird in der Tat selten angewendet, ein Beispiel ist der Eurovisions-Wettbewerb. Condorcet selbst schlug eine andere Methode vor, die paarweise Abstimmung, bei der darauf geachtet wird, wer gegen wen wie oft paarweise gewinnt, was, wie oben gezeigt, aber unter Umständen in einen Zyklus münden kann.

Insgesamt sind also Wahlbeispiele denkbar, in denen je nach Wahlmethode (relative Mehrheit; Borda-Wahl; Condorcet-Wahl) Paradoxien entstehen, Axiome verletzt werden, und/oder drei unterschiedliche Gewinner aus der Wahl hervorgehen können. Das Ergebnis wird in diesem Fall nicht durch die Präferenzen der Stimmenden, sondern durch die Wahl des Verfahrens bestimmt, wobei es für die Wahl des Verfahrens selbst kein ergebnisneutrales Verfahren gibt. Das Prinzip der formalen Ergebnisoffenheit der demokratischen Verfahren wird verletzt. Die allgemeinste Darstellung der Paradoxien wurde von Kenneth Arrow in seinem allgemeinen Unmöglichkeitstheorem formuliert: Es ist bei mindestens zwei Stimmenden und mindestens drei Wahloptionen nicht möglich, die individuellen Präferenzordnungen in eine kollektive Präferenzordnung zu aggregieren, ohne bestimmte Voraussetzungen zu verletzen. Die für die Demokratie wichtigste Voraussetzung ist Nicht-Diktatur, was so viel heißt, dass die Präferenz einer Person als die kollektive betrachtet wird (Arrow 1950).

Zweitens zeigt sich eine formale Schwierigkeit kollektiven Entscheidens beim sogenannten »diskursiven Dilemma« (List/Pettit 2004). Eine Sequenz von Referenden über unterschiedliche Fragen kann zu einem Bündel von Entscheiden führen, das den Präferenzen der einzelnen Teilnehmenden nicht entspricht. Zum Beispiel kann jede Frage einzeln in einem Referendum bejaht werden und sich trotzdem ein Nein zur Vorlage »Ja zu allen Fragen« ergeben. Das gilt auch dann, wenn die Fragen nicht voneinander abhängig sind, also die Zustimmung oder Ablehnung einer Frage nicht davon abhängt, wie jemand zu einer anderen der anstehenden Fragen steht.

	Referendum 1	Referendum 2	Ja zu beiden Referenden
Person A	ja	nein	nein
Person B	nein	ja	nein
Person C	ja	ja	ja
Total	*ja*	*ja*	*ja/nein*

Dieses Paradox zeigt auch, dass sich Abstimmungsergebnisse durch die materielle Aufteilung der Entscheidungen beeinflussen lassen. In all den genannten Paradoxien ergibt sich das Problem, dass sich je nach Aufteilung der Materie oder Form der Aggregation der Stimmen verschiedene Mehrheiten bilden. Die Paradoxien können vermieden werden, wenn bestimmte Bedingungen geändert werden. Es gibt hier in der Literatur zur Sozialwahltheorie eine große Zahl von Vorschlägen mit einer sich daran orientierenden *Mathematik der Demokratie* (Szpiro 2011). Einsichtig ist die Verhinderung der Paradoxa durch Einschränkung auf nur zwei Optionen. In dem Fall stellt sich die Frage, wie diese Einschränkung zustande kommt. Falls dies einstimmig geschieht, wird es schnell unproblematisch, falls nicht, verschiebt sich das Problem in das *agenda-setting*, in das Aufgleisen der Vorlagen. Einige weitere Modifikationen scheinen relativ einfach einlösbar, wie zum Beispiel das Postulat der Einheit der Materie von Abstimmungsgegenständen oder das Postulat der verfassungsmäßig festgelegten Einschränkung von Kompetenzen (Einschränkung der Voraussetzung der *unrestricted domain U* von Arrow). Varianten davon sind selber problematisch, wie zum Beispiel die

Aufhebung der Voraussetzung der politischen Gleichheit (»eine Person – eine Stimme«). Grundsätzlich ist die Einschränkung von *U* problematisch, weil sich die Frage ergibt, mit welchem kollektiven Entscheidungssystem sie festgelegt würde. Falls sie nicht kollektiv oder nicht einstimmig festgelegt wird, ergibt sich doch wieder so etwas wie »Diktatur«.

Arrow formulierte sein Theorem allgemein, vor allem im Hinblick auf wohlfahrtsstaatliche Entscheide. William Riker gab dem Theorem eine demokratiekritische Interpretation und bezeichnete jede systematische Verbindung öffentlicher Politik mit den aggregierten Stimmen der Bürger als »populistisch«. Er redete dagegen einer »liberalistischen« Variante das Wort, die lediglich die zufallsbedingte Beseitigung von gewählten Amtsinhabern vorsieht und von Volksentscheiden oder Wahlen absieht (Riker 1986; 1988).

Eine differenzierte, aber resolute Verteidigung der Demokratie gegen formale Kritik leistet Gerry Mackie in seinem Opus magnum. Mackie arbeitet in einem ersten Teil zahlreiche empirische und auf Computersimulation beruhende Studien auf, die zum Ergebnis führen, dass es sich bei den von Riker und seiner Schule analysierten formalen Problemen der Demokratie um logische Möglichkeiten handelt, die in der Wirklichkeit so gut wie nie vorkommen. Rikers Position, dass die Resultate demokratischer Verfahren wegen dieser formalen Schwierigkeiten ungenau und nicht aussagekräftig seien, ja dass die Verwirklichung der Demokratie unmöglich sei, sei deshalb stark übertrieben (Mackie 2003: 44–71).

Spannend ist die Frage, was diese Kluft zwischen logischer Möglichkeit und tatsächlicher Unwahrscheinlichkeit von Wahl-Paradoxen erklärt. Welche Umstände retten die Demokratie vor den logisch möglichen Paradoxa kollektiver Entscheidungsverfahren? Mackie erklärt dies mit der Tatsache einer stabilen relativen

Konvergenz der Präferenzordnungen in gemeinsamen Lebenswelten. Die meisten Menschen bevorzugen Wohlstand vor Katzenfolter und Katzenfolter vor einem totalen Nuklearkrieg, so Mackies Beispiel (Mackie 2003: 98). Ferner berücksichtigt Mackie Forschungsergebnisse von Fehr und Fischbacher (Fehr/Fischbacher 2002), die zeigen, dass vierzig bis fünfzig Prozent der Menschen Reziprozitätsfairness gegenüber reinem Egoismus bevorzugen, was die Domäne möglicher Präferenzordnungen ebenfalls einschränkt und die formale Instabilität von demokratisch ausgetragenen Verteilungskämpfen zwischen rationalen Akteuren entschärft. Hinzu kommt, dass Wählende in einer anderen Rolle sind als Wirtschaftsakteure, weil die eigene Wohlfahrt durch die Abgabe einer Stimme bei demokratischen Wahlen und Abstimmungen nur sehr insignifikant beeinflusst werden kann. Unter den idealisierten Umständen des formalen Modells könnten Wählende gar nicht egoistisch stimmen, auch wenn sie es versuchen würden. Das korreliert gemäß Mackie mit dem empirischen Ergebnis, dass Wählende in Verteilungsfragen soziotopisch abstimmen, das heißt, dass sie den allgemeinen Gang der Wirtschaft im Auge haben und weniger den wirtschaftlichen Einzelvorteil. In mehreren Kapiteln seines Buches widerlegt Mackie zudem historische Beispiele von durch formale Probleme entstellten Abstimmungen und Wahlen (Mackie 2003: 241–377).

4. Was ist das Volk und wer darf oder soll dazugehören?

In der Demokratie soll das Volk (Demos) regieren. Um diesen Grundsatz zu konkretisieren, muss eine hinreichende Klarheit darüber bestehen, was das Volk ist und wer dazugehört. Das definitorische oder begriffliche Problem, was das Volk ist, lässt sich einigermaßen plausibel lösen. Die Frage nach dem Prinzip einer ursprünglich demokratischen Gründung des Volkes zur Bestimmung von legitimen Kriterien der Zugehörigkeit hingegen ist bisher nicht überzeugend beantwortet worden.[14] Joseph Schumpeter hat diese Frage als unlösbar betrachtet: Die normative Demokratietheorie muss den Demos als gegeben voraussetzen und kann kein Prinzip und kein Verfahren angeben, wie sich das Volk seinerseits *demokratisch* konstituieren soll (Schumpeter 2006: 245–47). Die Frage, wie sich ein demokratisches Volk konstituiert (Nicht-Mitglieder mit Recht ausschließt oder Mitglieder zur Mitgliedschaft zwingt), ist in jüngeren Jahren aufgrund der Diskussion um den globalen Demos, ein Menschenrecht auf Demokratie (Franck 1992; Cohen 2006; Altman/Wellman 2009: 31–34), ein Recht auf Sezession (Buchanan/Moore 2003) und die Migrationsproblematik (Abidazeh 2008) wieder auf den Radar der demokratietheoretischen Debatten gekommen, nachdem sie bereits von Dahl aufgegriffen worden war (Dahl 1970: 207; Miller 2009). Die Terminologie wechselt beinahe von Autor zu Autor, konstant bleibt aber die Frage nach der demokratischen Gründung des Volkes. Whelan (1983) spricht vom »Grenzproblem« (*boundary problem*) der Demokratie. Goodin hielt dem entgegen, dass das Problem der demokratischen Gründung des Staatsvolks durch Mitgliedschaft vom Problem der demokratischen Gründung des Staatsgebiets zu unterscheiden sei (Goodin 2007: 40, n. 1). Dahl und Shklar sprachen vom Inklusionsproblem der Demokratie (Dahl 1970; Shklar 1995). Das kann missverständlich sein, denn das von Whelan angesprochene Problem ist nicht in erster Linie, welches die Kriterien sind, nach denen ein bestehendes Volk Mitglieder aufnimmt oder ausschließt, sondern die Frage nach einer ursprünglichen demokratischen Gründung des Volkes. Deshalb spricht Arrhenius (2005) neutraler vom »Demos-Problem« und Goodin (2007) vom »Problem der Konstituierung des Volkes«. Habermas (2001: 144) bezeichnet das Problem als »Zirkel der bodenlos diskursiven Selbstkonstituierung eines Gemeinwesens«. Ich spreche hier im Folgenden vom Demos-Problem.

4.1 Was ist das Volk?

Bevor das Demos-Problem näher untersucht werden soll, muss geklärt sein, was unter dem Volk im politischen und demokratischen Sinn minimal zu verstehen ist. In der Theorie gibt es einen gewissen Konsens, dass das Volk als politischer Demos sowohl unter einem Aspekt der Regelung der Mitgliedschaft als auch unter einem Aspekt der Handlungsfähigkeit konzipiert werden muss. Es geht also erstens um eine nähere Bestimmung dessen, was eine Gruppe von Menschen zu einem Volk im politischen und demokratischen Sinn macht, was also das Volk als Demos von der Bevölkerung und anderen sozialen Gruppen unterscheidet. Aus dieser Bestimmung ergeben sich unter Umständen Konsequenzen für die Lösung des Problems der Zusammensetzung des Volkes: Wer darf oder soll dazugehören und wer kann ausgeschlossen werden (*compositional criteria*)? Zweitens muss die Definition im Hinblick auf die Handlungsfähigkeit die wesentliche Funktion angeben, die ein Volk gemäß dem Begriff der Demokratie erfüllen muss. Das Volk ist ein Kollektiv, das zu bestimmten Handlungen fähig sein muss, um den Anforderungen der Demokratie gerecht zu werden (*performative criteria*). Aus diesem Aspekt der Definition ergeben sich ebenfalls Konsequenzen für die Beantwortung der Frage nach der Inklusion, womöglich solche, die andere Inklusionskriterien einschränken. Berücksichtigt man diese zwei Kriterien, ergibt sich ungefähr folgende Definition des Volkes:

> *Das Volk (Demos) ist eine Gruppe von Menschen, die durch eine gemeinsame institutionelle Praxis allgemein verbindliche Regeln setzt und durchsetzt.*

Diese Definition erlaubt eine Unterscheidung des Volkes von anderen sozialen Gruppen, die keine Institutionen gründen oder nicht über die Kompetenz verfügen, allgemeine verbindliche Gesetze zu machen. Zweitens wird deutlich, dass das Problem der Zusammensetzung des politischen Volkes auf dessen Regierungsfähigkeit bezogen werden muss. Die hier gewählte minimalistische Definition hat den Vorteil, dass darin nicht die kollektive Identität des Volkes, sondern nur das, was diese politisch leisten soll, enthalten ist. Es wird inhaltlich offengelassen, welche identitätsbezogenen Ermöglichungsbedingungen zu effektivem Regierungshandeln des Volkes nötig sind. Das ist deshalb ein Vorteil, weil diese Bedingungen unter inhaltlichem Gesichtspunkt historisch wandelbar sind. Einige Bedingungen, wie eine minimale Vertrauensbasis, eine bestimmte Anzahl geteilter Werte oder die allgemeine Verständigungsfähigkeit der Bürger mittels einer gemeinsamen Sprache, drängen sich auf. Andere Merkmale kollektiver Identität sind aber womöglich für das gemeinsame Regierungshandeln von Bürgern nicht unbedingt notwendig (Abizadeh 2002). Es wäre unangemessen, sie in die Definition des politischen Volkes aufzunehmen (Scherz 2013: 6–9). Die erforderliche Performanz und nicht deren historisch veränderliche Bedingungen sollten deshalb in die Definition des Volkes aufgenommen werden. Drittens tritt das Element der Stabilität oder Nachhaltigkeit zutage. Ein politisches Volk ist keine »flashcrowd«, sondern es überdauert die Zeit durch nachhaltige und stabile Institutionen, die eine große Mehrheit von Bürgerinnen und Bürgern langfristig als die eigenen anerkennen.

4.2 Wer darf oder soll zum Vok gehören? Das Prinzip freiwilliger wechselseitiger Anerkennung

Es gibt in jüngeren Jahren zahlreiche Lösungsversuche des Demos-Problems (Arrhenius 2005; Überblick bei Martí 2006: 28). Die Diskussionsbeiträge lassen sich in drei Lösungstypen unterscheiden: akzeptanzbasierte Lösungen, wirkungsbasierte Lösungen und kompetenzbasierte Lösungen. Nicht einfach einzuordnen ist eine vierte, diskurstheoretische »bootstrapping«-Lösung, wonach ein Volk nach einem undemokratischen Ursprung auf längere Sicht durch einen sich selbst korrigierenden Prozess zu einer demokratisch legitimen Abgrenzung von Mitgliedschaft und Staatsgebiet findet (Habermas 2001: 144 ff.). Dagegengehalten wird, dass ein solcher Prozess durchaus möglich ist, aber sinnvoll nur eine Verbesserung oder Annäherung an das Ideal unterstellt werden könne, wenn das Ideal selbst bekannt sei. Die Theorie des Lernens und des Sich-Annäherns an eine demokratische Gründung des Volkes muss ein Prinzip angeben, nach dem festgestellt werden kann, dass sich ein Volk einer demokratischen Konstitution als Volk tatsächlich annähert (Goodin 2007: 44–46).

Zwischen allen Thesen zur Lösung dieses Problems besteht ein Konsens darüber, dass sein prozeduraler Aspekt unlösbar zirkulär ist: Das Volk kann nicht das Volk demokratisch konstituieren, ohne dass bereits vorausgesetzt werden muss, wer zum Volk gehört. Allerdings gilt dieser Mangel der Zirkularität bei näherer Betrachtung nur für das kollektive Entscheidungsverfahren, er gilt nicht für die individualistische Selbstkonstitution des Volkes durch wechselseitige Anerkennung:

> *Der Demos sollte aus denjenigen und nur denjenigen Personen bestehen, von denen keine Person eine andere als Mitglied ablehnt.* (Whelan 1983; Goodin 2007: 42)

Wenn sich ein Volk in der Weise akzeptanzbasiert und individualistisch konstituiert, ergibt sich keine Zirkularität. Das Prinzip führt zu einem radikaldemokratischen Clubmodell des Volkes und verlangt eine wechselseitige Anerkennung als Mitglied von allen Mitgliedern. Jedes Mitglied hat eine Vetoposition in Bezug auf jedes andere Mitglied. Dieses Prinzip wurde als allzu restriktiv bezeichnet, es könnte zur Folge haben, dass viele Menschen ohne Zugehörigkeit zu einem Volk bleiben (Goodin 2007: 42). Die Kritik leuchtet aber nur ein, wenn vorausgesetzt wird, dass es ein allgemeines Recht auf Zugehörigkeit zum Volk gibt. Dies kann aber nicht vorausgesetzt werden, weil gerade dies Gegenstand der Begründung ist.

Das genannte Prinzip wechselseitiger Akzeptanz kann voluntaristisch oder rationalistisch gelesen werden. Aus rationalistischer Perspektive ist das Prinzip unvollständig, weil nicht klar ist, nach welchen Kriterien und aus welchen guten Gründen Personen andere Personen ein- oder ausschließen sollen oder dürfen. In einer voluntaristischen Lesart können Mitglieder andere rein willkürlich ein- oder ausschließen. A könnte B aus rassistischen Motiven nicht als Mitglied anerkennen. Womöglich sind also die Gründe des Ausschließens normativ problematisch und befinden sich im Widerspruch zu Prinzipien des allgemeinen demokratischen Ideals, wie Menschenwürde, Nicht-Diskriminierung, Gleichbehandlung, etc.

Es besteht zudem ein weiteres Problem mit diesem Prinzip der Selbstkonstitution des Volkes durch individuelle Anerkennung. Wenn es nicht darum geht, neue Mitglieder aufzunehmen, sondern das Volk am Anfang zu konstituieren, dann führt das Prinzip zu einem widersprüchlichen Resultat. Man gehe davon aus, dass A, B, C, D und E einen Demos gründen wollen. A, B und C anerkennen einander und sie anerkennen auch D und E. D anerkennt A, B und C, aber E nicht. E anerkennt alle inklusive D. A, B und C können in dem Fall mit D oder E einen Demos gründen. Wenn A, B und C die Person D anerkennen, wird ein Mitglied ausgeschlossen, das alle anerkannt hätte, und es wird ein Mitglied aufgenommen, das E womöglich aus dubiosen Gründen nicht dabeihaben will. Wenn A, B und C aus diesem Grunde E und nicht D wählen oder E und D beide ausschließen, hätte D durch sein Verhalten sich selbst ausgeschlossen. Kurz: Wer in einer Gründungssituation zum Demos gehören will, für den gibt es bei der Anwendung des genannten Prinzips keine andere rationale Wahl, als alle anderen zu akzeptieren. In der Gründungssituation des Demos ist somit das radikale Selbstkonstitutionsprinzip gar nicht so radikal individualistisch und akzeptanzorientiert wie angenommen. Die Wahl müsste geheim erfolgen, und auch dann hätten Mitglieder das Gefühl, durch das Verfahren womöglich Personen auszuschließen, die alle akzeptieren, aber nicht von allen akzeptiert werden, und es würden Mitglieder aufgenommen, die aus dubiosen Gründen andere ausschließen. Auch die geheime Wahl würde die Qualität der Anerkennungsentscheidungen stark beeinträchtigen. Das akzeptanzbasierte Prinzip stellt keine befriedigende Lösung des Demos-Problems dar.

Aus dem sogenannten Condorcet-Jury-Theorem (CJT) lässt sich ein kompetenzbasierter Lösungsvorschlag des Demos-Problems ableiten. Das Theorem besagt, dass die Wahrscheinlichkeit für eine Gruppe, die richtige kollektive Entscheidung zu treffen, dann und nur dann höher ist als die Wahrscheinlichkeit für ein individuelles Mitglied, die richtige Entscheidung zu treffen, wenn die durchschnittliche Wahrscheinlichkeit für alle Mitglieder, die richtige Entscheidung zu treffen, über fünfzig Prozent liegt. Wenn Letzteres gegeben ist, steigt die Wahrscheinlichkeit einer richtigen Entscheidung mit der Anzahl der Gruppenmitglieder. Bei einer unendlichen Mitgliederzahl geht die Wahrscheinlichkeit gegen einhundert Prozent (List/Goodin 2001). Wenn die durchschnittliche Wahrscheinlichkeit allerdings unter fünfzig Prozent liegt, dann sinkt die Kompetenz der Gruppe mit steigender Mitgliedschaft. Wenn dieses Theorem auf das Demos-Problem angewendet wird, ergibt sich folgende Formulierung (übersetzt von Cheneval nach Arrhenius 2005: 10):

> *Nur Personen, die mit einer durchschnittlichen Wahrscheinlichkeit von über fünfzig Prozent die richtige Antwort finden, sollen zum Volk gehören und davon möglichst viele.*

Nach diesem Prinzip würde eine bestimme Expertise Menschen dazu qualifizieren, zum Volk zu gehören. Das Prinzip hat deshalb nur in einem rein epistemischen Modell der Politik seine Gültigkeit. Das weitere Problem ist, dass jede politische Frage einer anderen Expertise bedarf. Es gäbe also für jedes politische Problem ein anderes »Volk«. Dies widerspricht den Definitionselementen der Stabilität und der Regierungsfähigkeit des Volkes. Jürgen Habermas hat ein anderes kompetenzbasiertes Mitgliedschaftskriterium des Demos vorgeschlagen, nämlich dass Mitglieder fähig sein müssen, sich an praktischen Diskursen zu beteiligen, sie müssen für Handlungen und Entscheidungen Rechtfertigungsgründe angeben und beurteilen können, also nicht in erster Linie epistemische Fähigkeiten besitzen (Habermas 2001: 146).

> *Nur Personen, die zu praktischen Diskursen fähig sind, die für Entscheidungen und Handlungen Rechtfertigungsgründe angeben und beurteilen können, dürfen zum Volk gehören.*

Dieses Prinzip ist weniger technokratisch und weniger rigide als das aus dem CJT abgeleitete. Es geht nicht davon aus, dass alle relevanten politischen Probleme wie Mathematikaufgaben sind, für die es eine einzige richtige Antwort gibt. Vielmehr erfordert es die Fähigkeit zu vernünftiger Beratschlagung, zum Lernen von den Gründen anderer, zu kritischer Beurteilung von Gewohnheiten, zur Fähigkeit, sich in die Lage anderer zu versetzen. Dadurch ist es allgemein problemübergreifend und führt nicht zu einem anderen Volk für jedes unterschiedliche politische Entscheidungsproblem. Trotzdem wird auch in dieser Variante eine bestimmte epistemische Kompetenz als Ein- oder Ausschlusskriterium aus dem Demos formuliert.

Unabhängig von der andernorts in diesem Band behandelten Frage nach der Angemessenheit des epistemischen Demokratieverständnisses lässt sich folgender Einwand gegen die kompetenzbasierte Lösung des Demos-Problems formulieren: Wer entscheidet, wer die notwendigen epistemischen oder deliberativen Kompetenzen hat, um zum Volk zu gehören? Auf diese Frage gibt der Lösungsvorschlag keine Antwort. Die Auswahl der Auswählenden führte in einen infiniten Regress. Eine Selbstbeurteilung würde die kompetenzbasierte Lösung infrage stellen. Eine Beurteilung einer jeden Person durch alle anderen würde zur akzeptanzbasierten Lösung führen, auf deren Problematik soeben eingegangen wurde. Es ergibt sich auch hier keine Lösung des Demos-Problems als eines Problems der Bestimmung der Mitgliedschaft. Dieses Problem betrifft nicht nur das Auswahlkriterium, sondern auch die Frage nach den Entscheidungsträgern.

4.3 Das Betroffenheitsprinzip als Lösung des Demos-Problems

Gemäß einem einflussreichen Prinzip des römischen Rechts sollten alle, die ein Sorgerecht über eine Person haben, an Entscheidungen bezüglich dieser Person Anteil haben, sofern die Entscheidung sie in gleicher Weise tangiert (*Codex Justinianus*, V, 59, 5, 2).[15] Es ist äußerst spannend nachzuverfolgen, auf welch verschlungenen Pfaden dieses Betroffenheitsprinzip vom antiken Privatrecht in die moderne Demokratietheorie gelangte und dort die gleichwertige Einbeziehung in politische Entscheidungsgremien oder Verfahren begründet (Congar 1958; Marongiu 1961; Post 1950; 1964). Hatte das Prinzip in Antike und Mittelalter noch eine Qualifizierung von »alle« im Sinn von »alle X«, so wird es in der aktuellen Debatte zuweilen zum nicht weiter qualifizierten Universalprinzip für die Menschheit erhoben. Zahlreiche Autoren vertreten die These, die Betroffenheit von Entscheidungen verlange nach der Inklusion aller Betroffenen im entsprechenden Beratschlagungs- oder Entscheidungsgremium (vgl. Martí 2006: 28; Scherz 2013).

Robert Goodin betrachtet das Betroffenheitsprinzip in folgender Variante als Lösung des Demos-Problems: Alle, die *möglicher-*

weise von einer kollektiv verbindlichen Entscheidung betroffen sind, konstituieren das autoritative Entscheidungsgremium, »das Volk« (Goodin 2007: passim). Mit dem Zusatz der möglichen und nicht faktischen Betroffenheit wird der Vorwurf der Zirkularität, der an diese Lösung gerichtet wird, beseitigt (vgl. dagegen Owen 2012: 131–133). Das Betroffenheitsprinzip ist als allgemeine Lösung des Demos-Problems aber abzulehnen (Miller 2009; Gould 2004; Cheneval 2011: 62–76). *Erstens* ergibt sich aus der unterschiedlichen möglichen Betroffenheit, wenn diese denn überhaupt objektiv festgestellt werden kann, ein anderes »Volk« für jede Entscheidung. Es wird also gar kein stabiler, auf Dauer gestellter Demos konstituiert, nur eine Methode seiner permanenten Umstellung. *Zweitens* verschiebt sich mit diesem Prinzip die politische Macht gerade nicht zu den Bürgern, sondern zu den Betroffenheitsevaluatoren (Gould 2004: 175). Wird der Grad der möglichen Betroffenheit allgemein gehalten, verschwinden diese beiden ersten Einwände. Es ergibt sich aber *drittens* eine unbegrenzte Reichweite des Volkes als Gruppe aller möglicherweise Betroffenen (*unbounded demos*). Das kann, wie von Goodin, in Kauf genommen oder als Begründung des globalen Demos sogar begrüßt werden. Es stellt sich aber das Problem der Regierungsfähigkeit und Kohäsion des Volkes sowie der Durchsetzungsfähigkeit der Entscheidungen. Auf einer grundsätzlicheren Ebene stellt sich das Problem, dass auch der globale Demos dem Kriterium der *möglichen* Betroffenheit nicht gerecht wird, weil auch alle *möglichen* zukünftigen Generationen zu berücksichtigen wären. Der *unbounded demos* ist mit dem globalen Demos nicht identisch. Der globale Demos würde im besten Fall nur eine mögliche Minderheitsrepräsentation des wahren Demos darstellen. Das sogenannte *non-identity problem* (Parfit 1987: 363), wonach das Verhalten von heute bestimmt, wer zukünftig existiert, greift gegen dieses Argument nicht. Es spielt gar keine Rolle, wer in Zukunft faktisch existiert, da nur von möglicherweise Betroffenen die Rede ist. Es muss nur vorausgesetzt werden, dass es in Zukunft möglicherweise Betroffene gibt, wer diese sind, spielt keine Rolle. *Viertens* ergeben sich bei mangelnder Homogenität des globalen Demos legitime Ansprüche der kollektiven politischen Repräsentation von strukturell benachteiligten Völkern zur Verhinderung von Unterdrückung. Damit ist gemeint, dass unter Umständen eine Einbeziehung in kollektive Entscheidungen bestimmte Menschen und Gruppen weniger gut schützt als ihr Schutz vor den Entscheidungen durch die Zuerkennung des Status einer eigenständigen politischen Gemeinschaft oder durch die Anerkennung von absoluten Abwehrrechten. Bei der Unterteilung in eigenständige politische Gemeinschaften stellt sich dann doch wieder die Frage nach der legitimen Abgrenzung (vgl. Cheneval 2011: 62–76). Beim Postulat von Abwehrrechten als Kompetenzbeschränkung kollektiver Entscheidungsbefugnis stellt sich das Problem, dass diese Rechte nicht die Personengruppe von Betroffenen, also »das Volk«, festlegen, sondern die Bereiche, in denen überhaupt über Personen bindende kollektive Entscheide getroffen werden können. Es besteht ein Problem der Unterbestimmung zwischen der Festlegung der Reichweite von bindenden kollektiven Entscheidungen und dem Betroffenheitsprinzip, das nicht durch das Betroffenheitsprinzip selbst gelöst wird. Damit bleibt der Demos durch das Betroffenheitsprinzip unterbestimmt (Miller 2009: 216). *Fünftens* ist das Betroffenheitsprinzip gar kein Prinzip, das ohne zusätzliche Bedingungen Mitbestimmungsrechte begründet. Die Beziehung zwischen Betroffenheit und Mitbestimmungsrecht ist nicht einmal eine Frage der Stärke der Betroffenheit. A kann sich in B verlieben und B in C. B und C können heiraten, und A kann davon tief und existenziell betroffen sein, ohne aber durch diese Betroffenheit in irgendeiner Weise ein Mitbestimmungsrecht an der Heirat von B und C zu erhalten. Das Betroffenheitsprinzip ist kein fundamentales moralisches Prinzip, das ohne weitere zu beweisende Zusatzannahmen ein Mitbestimmungsrecht begründet (Nozick 1974: 268–271). Menschen müssen durch Versprechen oder Vertrag schon in irgendeiner Weise miteinander verbunden sein, oder eine andere Bedingung oder Eingrenzung muss zusätzlich erfüllt sein, damit Betroffenheit als Begründung des Mitbestimmungsrechts unter Umständen eine Rolle spielen kann. *Sechstens* ist nicht einsichtig, dass ein Mitbestimmungsrecht in jedem Fall ein Recht auf Mitgliedschaft konstituiert. Mitglieder von zwei verschiedenen Gruppen können gemeinsame Entscheidungen treffen, die beide Gruppen und all ihre Mitglieder betreffen. Das bedeutet nicht, dass beide Gruppen zu einer zusammengefasst werden müssen und die Mitglieder der einen Gruppe zu Mitgliedern der anderen werden. Der Status der Mitgliedschaft kann zahlreiche andere Rechte beinhalten, die sich nicht zwingend aus einem Mitbestimmungsrecht ergeben.

Werden diese Einwände bedacht, ist die große Zustimmung zum Betroffenheitsprinzip im Allgemeinen und als Lösung des Demos-Problems im Besonderen in der gegenwärtigen Diskussion erstaunlich. Das Betroffenheitsprinzip ist kein konstitutives, sondern ein korrektives, kritisches Prinzip, mit dem die mangelnde »Einbeziehung des Anderen« in einem jeden faktischen Demos sichtbar gemacht wird – und dies nur unter der Voraussetzung, dass die inhaltliche Reichweite kollektiver Entscheide prinzipiell unbegrenzt ist. Als positives Kriterium der Gründung des Demos ist es aber unvollständig und nur in Kombination mit anderen Kriterien anwendbar (vgl. Owen 2012).

4.4 Das Unterwerfungsprinzip als Lösung des Demos-Problems

Als weiterer Lösungsansatz des Demos-Problems wird ein Prinzip diskutiert, dem zufolge alle, die einer Rechtsordnung und deren Zwang auf Dauer unterworfen sind, zu der Gruppe gehören, die über den Rechtszwang kollektiv zu entscheiden befugt ist, und in dem Sinn zum Volk gehören (Dahl 1970: 64; 1989: 120–9). Die Debatten kreisen einerseits um die richtige Interpretation dieses Prinzips, andererseits um die Frage, ob es das Demos-Problem löst. Goodin (2007: 42) verwirft es als Lösung, weil es Touristen, Handelsreisende und überhaupt alle, die sich auf dem Territorium einer Rechtsordnung aufhalten, zu stimmberechtigten Mitgliedern des Demos macht. Dahl hat aber all jene, die sich nur auf der Durchreise befinden, von der Inklusion durch dieses Prinzip ausgeschlossen, was durchaus Sinn macht, da eine dauerhafte und nicht nur kurzzeitige Unterwerfung unter das Gesetz als Kriterium sinnvoll geltend gemacht werden kann. Zweitens hält Goodin aber fest, dass dieses Prinzip nur zur Frage nach der ursprünglich demokratischen Gründung der Rechtsordnung durch Zustimmung führe. Das Demos-Problem wird also gar nicht gelöst, sondern verschiebt sich auf die Frage, wer befugt ist, die Rechtsordnung und die territorialen Grenzen durch Zustimmung zu konstituieren. Da die territoriale Rechtsordnung vorausgesetzt wird, könnte es auch sein, dass das Prinzip zwar ein Volk demokratisch konstituiert, allerdings eines mit einem undemokratisch entstandenen Hoheitsgebiet. Die legitime Zugehörigkeit zum Volk aufgrund von Geburt auf dem Territorium zum Beispiel würde durch die Illegitimität des Territoriums unterminiert. Das Unterwerfungsprinzip bietet also keine grundsätzliche Lösung des Demos-Problems oder des Grenzproblems der Demokratie. Vielmehr ist es ein starkes Prinzip zur Begründung von Partizipation und Verhinderung von Diktatur innerhalb bestehender Hoheitsgrenzen oder zur Inklusion von allen permanent Niedergelassenen im Demos (Näsström 2011: 119–120). Damit leistet das Prinzip eigentlich sehr viel. Allerdings ist auch dieser Befund umstritten, denn er hängt von der Interpretation des Rechtszwangs ab. Für Robert Dahl und David Miller zum Beispiel stehen nur diejenigen, die sich innerhalb der Grenzen befinden, unter dem Rechtszwang. Gemäß Arash Abidazeh stellen die Grenzen einen Zwang auch für diejenigen jenseits der Grenze dar, sodass das Unterwerfungsprinzip einen Inklusionsimperativ auch für alle potenziellen Einwanderer erzeugt, also zum *unbounded demos* führt (Abidazeh 2010).

4.5 Liberale und radikaldemokratische Lösungen des Demos-Problems

David Miller (2009) zeigt, dass unterschiedliche und fundamental divergierende normative Vorstellungen von Demokratie zu unterschiedlichen Lösungsansätzen des Demos-Problems führen. Die beiden gegensätzlichen Ansätze, die er für elementar hält und untersucht, nennt er das liberale und das radikale Verständnis von Demokratie. Ersteres ist instrumentell auf die Sicherung der Freiheit und die Verhinderung von Unterdrückung ausgerichtet, Letzteres auf den intrinsischen Wert der kollektiven Selbstbestimmung. Wird das liberale Verständnis vorausgesetzt, kommt es auf die Kongruenz der Gruppe von Entscheidenden mit der Gruppe der Betroffenen an, und man achtet vor allem auf die Wirkung von Abgrenzungen in Bezug auf dieses Betroffenheitsergebnis. Ein besonders heterogener und ausdifferenzierter Demos wird begrüßt, denn die einander an vielen Stellen überlappenden Unterschiede verhindern die strukturelle Unterdrückung von Minderheiten durch den Demos. Wird andererseits aber das radikale Verständnis von Demokratie vorausgesetzt, wird auf die Zusammensetzung des Demos und die Qualität der Beziehungen unter den Mitgliedern geachtet. Die Mitglieder sollen auf Dauer ein gemeinsames politisches Projekt haben, einander vertrauen, miteinander kommunizieren können, ethische Wertvorstellungen und Zugehörigkeitsgefühle teilen, etc. Das Demos-Problem wird im liberalen Verständnis also durch eine generelle Einbeziehung aller möglicherweise Betroffenen angegangen. Im radikalen Verständnis hingegen steht die Begründung von bestimmten Kriterien der kollektiven Ein- und Ausgrenzung im Vordergrund. Allerdings ergeben sich auch im liberalen Verständnis Ausgrenzungswirkungen und im radikalen solche der Einbeziehung. Miller hält die moderne Nation für eine erfolgreiche Kompromisslösung beider Demokratieverständnisse. Er muss aber zugestehen, dass sein Ansatz keine Lösung des ursprünglichen Gründungsproblems bietet, insbesondere wenn beachtet wird, dass kollektive demokratische Entscheidungen Wirkungen auf Dritte erzeugen, deren Berücksichtigung oder gar Einbeziehung in die Entscheidung die liberale Demokratietheorie zumindest zur Diskussion stellen muss.

4.6 Das Demos-Problem und die Vielheit der Völker

Der Blick auf die Lösungsversuche des Demos-Problems zeigt, dass es keine befriedigende normative Lösung gibt. Entweder sind die vorgeschlagenen Prinzipien in sich unvollständig oder sie greifen erst nach der Etablierung einer Rechtsordnung, womit deren demokratische Gründung offenbleibt. Es gibt kein kompentenz-, akzeptanz- oder wirkungsbasiertes normatives Prinzip, durch das ein Demos ursprünglich demokratisch konstituiert wird, ohne einem Prinzip des demokratischen Ideals zu widersprechen. Die normative Demokratietheorie ist in Bezug auf die Konstitution des Volkes unvollständig. Es gibt bislang keine mögliche Vorstellung eines normativ unbescholtenen Ursprungs des Volkes. Daraus ergibt sich unter anderem die Konsequenz, dass demokratisch regierte Völker nicht-demokratisch regierten Völkern die grundlegende Anerkennung nicht aus dem Grund versagen dürfen, dass sie nicht demokratisch regiert sind, denn auch der Ursprung der demokratisch regierten Völkern liegt außerhalb demokratischer Legitimität. Ein liberales Völkerrecht wie dasjenige von John Rawls, das demokratisch regierte Völker und nicht-demokratisch regierte, aber »anständige Völker« (*decent peoples*) als Völker anerkennt, ist in dieser Hinsicht sinnvoll begründbar, weil es eine demokratische Entwicklung im Prinzip ermöglicht. Ferner ergibt sich keine eindeutige These bezüglich der Anzahl und Größe der Völker. Da wir nicht wissen, worin ein demokratischer Ursprung eines Volkes bestehen könnte, steht auch nicht fest, ob es nur ein umfassendes oder viele Völker geben sollte. Wie der letzte Abschnitt und die Ausführungen zu Miller (2009) gezeigt haben, kann aus dem Demos-Problem nicht der Schluss gezogen werden, dass alle möglichen Formen der Konstitution eines Demos unter normativen Gesichtspunkten in gleicher Weise zu akzeptieren sind. Dass kein Prinzip das Demos-Problem löst, bedeutet nicht, dass alle möglichen Konstituierungsprinzipien des Demos gleichermaßen akzeptabel sind (Miller 2009).

Aus der Permanenz des Demos-Problems kann die Konsequenz gezogen werden, dass es in der normativen Demokratietheorie kein grundsätzliches Argument gegen die Vielheit der Völker und keine normative Notwendigkeit zu einem einzigen Einheitsvolk gibt. Es kann sogar gezeigt werden, dass eine Vielheit von Völkern bestimmte Bedingungen der legitimen Gründung eines Volkes besser erfüllt, als wenn nur ein Volk konstituiert wird. In diesem Abschnitt soll nun angesprochen werden, dass die Schwierigkeiten einer ursprünglich demokratischen Gründung des Volkes zwar nicht gelöst, aber vermindert werden, wenn unterstellt wird, dass Menschen in einer fiktiven Ursprungssituation nicht nur eines, sondern mehrere Völker (*demoi*) konstituieren können. Darauf aufbauend lassen sich verschiedene Hypothesen formulieren. Man stelle sich eine Ursprungssituation vor, in der Individuen die Wahl haben, eine oder mehrere Gruppen zu bilden. Die Wahrscheinlichkeit, dass Individuen von keiner dieser Gruppen ausgeschlossen werden und eine Gruppe finden, die ihnen entspricht, steigt mit der Anzahl der Individuen und möglichen Gruppen. Gleichzeitig steigt die Wahrscheinlichkeit der wechselseitigen inneren Akzeptanz und damit der Performanz dieser Gruppen. Das bedeutet nicht, dass weniger Individuen diskriminiert werden, sondern nur, dass Diskriminierte mehr Möglichkeiten haben, anderen Gruppen anzugehören. Die Möglichkeit der Vielheit von Gruppen mit Beitritts- und Austrittsoptionen ändert nichts an den Ursachen von Diskriminierung, sie bietet aber einen Ermöglichungsrahmen zur Verminderung der negativen Folgen der demokratietheoretisch nicht zu verhindernden Möglichkeit des Ausschlusses. Auch die Größe wird unter demokratietheoretischem Gesichtspunkt auf der Grundlage dieses Gedankenexperiments anders beurteilt. Eine kleine Gruppe mit idealen Partizipationsmöglichkeiten erscheint nur dann als vorteilhaft, wenn sie nicht um den Preis einer großen Zahl von Ausgeschlossenen zustande kommt. Ein kleiner Demos ist wünschenswert, wenn er wesentliche Regierungsfunktionen erfüllen kann und wenn die Nicht-Mitglieder andere Möglichkeiten der Demos-Bildung und Zugehörigkeit haben. Es ist nichts falsch an einem kleinen Demos, solange die Ausgeschlossenen in anderen Demoi aufgehoben sind. Es ist nichts falsch an einem großen Demos, solange die Mitglieder, die nicht dazugehören wollen, genügend Übertrittsoptionen in andere Demoi haben und der große Demos Exit-Optionen zulässt. Eine notwendige Bedingung dafür ist die Existenz anderer Völker. Die Pluralität der Völker schafft Austrittsoptionen. Letztere sind normativ relevant (Warren 2009), in unserem Zusammenhang, weil sie Möglichkeiten zum Ausgleich der Nachteile der demokratietheoretisch immer unvollkommenen Demos-Konstitution bieten. Mit dem Gedankenexperiment der ursprünglichen Gründung einer möglichen Vielheit von Völkern lässt sich das Demos-Problem nicht lösen. Es lässt sich aber zeigen, dass ein Volk für sich allein nicht in gleichem Maße demokratisch legitim sein kann wie verschiedene, voneinander nicht völlig abgeschottete Völker zusammen. Eine steigende Zahl von Demoi erhöht die Wahrscheinlichkeit, dass Menschen politische Institutionen und deren Entscheide als die eigenen anerkennen können. Das Problem, von einer kollektiven Entscheidung womöglich betroffen zu sein, wird nicht durch allgemeine Inklusion im Demos und allgemeine Partizipation der möglicherweise Betroffenen am besten gelöst, weil Partizipation oft sehr viel höhere Kosten und eine geringere Wirkung hat als Austritt (Warren 2009) und weil nicht nur unfreiwillige Exklusion, sondern auch unfreiwillige Inklusion normativ problematisch ist. Ein immer größerer Demos und letztlich ein globaler Demos sind nicht notwendigerweise legitimer, denn diese Demos-Bildung kann auf Kosten von gewählten kulturellen Differenzen und politischen und sozialen Präferenzen zustande kommen. Für strukturelle Minderheiten ist die Inklusion in demokratische Mehrheitssysteme nicht unbedingt ein Vorteil. Die Bildung eines autonomen Demos bietet in dem Fall unter Umständen besseren Schutz als Inklusion und Partizipation im selben Demos, ohne dass damit aber behauptet werden kann, dass es sich um eine ideale Lösung handelt. Diese gibt es aufgrund der Permanenz des Demos-Problems nicht. Auch der neue autonome Demos hätte ein grundsätzliches demokratisches Konstituierungsproblem.

In diesem Kapitel wurde gezeigt, dass die unterschiedlichen Lösungsversuche des sogenannten Demos-Problems allesamt ihre Schwierigkeiten haben. Die These des »unbegrenzten Volkes« (*unbounded demos*) bringt dieses ungelöste Konstitutionsproblem zum Ausdruck. Sie ist keine konstitutive These, sondern stellt ein negatives Ideal dar, mit dem jeder in seiner Mitgliedschaft faktisch begrenzte Demos infrage gestellt werden kann. Das gilt auch für den globalen Demos, der zwar das Problem der unfreiwilligen Exklusion, nicht aber das Problem der unfreiwilligen Inklusion löst, und der die Möglichkeitsversion des Betroffenheitsprinzips (*possibilist version*) nicht vollständig erfüllt, weil mögliche zukünftige Betroffene weder faktisch noch inhaltlich einbezogen werden können. Das Prinzip der freiwilligen wechselseitigen Anerkennung böte insofern die angemessenste Lösung des Demos-Problems, weil es die Frage nach der Entscheidungsautorität ohne infiniten Regress löst. Es birgt aber Probleme der möglichen Diskriminierung und führt zum Paradox des Selbstausschlusses. Mit dem Gedankenexperiment der möglichen Gründung von einem oder mehreren Völkern durch Mitglieder einer Urzustandssituation wird das Demos-Problem zwar nicht überwunden, aber es kann gezeigt werden, dass die Vielheit der Völker Probleme des Prinzips der wechselseitigen freiwilligen Anerkennung und allgemeine Schwierigkeiten der Demos-Konstitution potenziell vermindert. In einem nicht-idealen Kontext gibt es im Fall von bestimmten freiwilligen Anerkennungssituationen einen normativen Vorteil für ein wohlgeordnetes Völkerrecht im Vergleich zum Postulat eines globalen Einheitsvolkes. Aus historischer Perspektive ist dies keine Überraschung, wichtig ist aber hier die Einsicht, dass sich diese Konsequenz von demokratietheoretischen Überlegungen her ergibt, die zeigen, dass die normative Demokratietheorie aufgrund des Demos-Problems eine unvollständige Theorie ist. Die politische Einheit, innerhalb deren Demokratie stattfinden soll, ist in Bezug auf die Grenzen ihrer Mitgliedschaft und ihres Territoriums normativ unterbestimmt. Vertreter der normativen Demokratietheorie gehen aber oft vom Ideal des singulären Volkes aus, sei dieses nun national oder global. Die Vielheit der Völker wird als grundsätzliche Bedrohung der Demokratie betrachtet (Dahl 1999) und als Situation, die durch Integration in einen globalen Demos und eine globale Demokratie überführt werden muss (Held 1995; Archibugi 2008; List/König-Archibugi 2010). Die ursprüngliche Legitimität der Gründung des Demos lässt sich aber sowohl als Einheit und Einzigkeit als auch als Beziehungsgeflecht zwischen interagierenden Völkern verstehen. Werden verschiedene Konstitutionsprobleme des Demos in Betracht gezogen, dann wird sogar ersichtlich, dass eine Konstellation mit vielen Völkern, die in einer bestimmten Weise interagieren, normativ vorteilhafter sein kann als ein Einheitsvolk. Die Pluralität und Differenzierung der Völker ist besser begründbar als die Vereinheitlichung zu einem Einheitsvolk. Weder für das eine noch für das andere gibt es aber ein grundsätzliches Argument, das die andere Variante definitiv ausschließt. Deshalb lohnt es sich prinzipiell, Demokratie auch unter der Bedingung der Vielheit der Völker zu denken, was im sechsten Kapitel näher erläutert werden soll. Im nächsten Kapitel soll nun aber zunächst die Entscheidungskompetenz des politischen Volkes zur Sprache kommen.

5. Volkssouveränität und ihre Grenzen

Die Lehre der Volkssouveränität besagt, dass die Staatsgewalt vom Volk ausgeht und von diesem direkt oder indirekt ausgeübt wird. Souveränität ist ein prädemokratischer Begriff, den die Demokratietheorie aber nicht abgeschafft, sondern im Begriff der Volkssouveränität absorbiert hat. In der Demokratietheorie und in der demokratischen Praxis kam es zu einer *translatio imperii*, einer Übertragung der höchsten Staatsgewalt vom Fürsten auf das Volk. In Neuzeit und Aufklärung wurde der Begriff der Souveränität zum Teil absolutistischer gedeutet als in der politischen Theologie des Spätmittelalters, wobei die moderne Demokratietheorie von diesem Urteil nicht auszunehmen ist.[16] Bei Jean Bodin (1529–1596), einem wichtigen Vertreter der modernen Souveränitätsdoktrin, gilt der Souverän zwar als losgelöst von jeglichen weltlichen Gesetzen, aber er ist göttlichen Gesetzen verpflichtet. Souveränität ist auch bei Bodin normativ begrenzt und heteronom. Die Begrenzung und Heteronomie ist aber theologisch bestimmt. Der Souverän ist in seinen Kompetenzen begrenzt und könnte im Prinzip in die Pflicht genommen werden, wenn er elementare Weisungen des göttlich gestifteten Naturrechts verletzt. Allerdings kann keine weltliche Instanz dazu ermächtigt werden. Im Mittelalter nahmen die Päpste diese Kompetenz für sich in Anspruch. Der Höhepunkt der graduellen Loslösung der

Souveränität von externen Bindungen, seien sie diesseitig oder jenseitig begründet, wird in verschiedenen Spielarten bei Hobbes (1588–1679) und in demokratischer Variante bei Rousseau (1712–1778) erreicht. Der Hobbes'sche Souverän ist keiner Moral und auch keinem weltlichen Gesetz unterworfen. Die Souveränität selbst ist bei Hobbes aber an bestimmte zweckrationale Bedingungen der Sicherheitsgarantie gebunden.

Gegen das absolutistische Souveränitätsverständnis kann eingewendet werden, dass ein Souverän, dem eine unbegrenzte Entscheidungskompetenz übertragen wird, mit den Untertanen nicht in einem bindenden Rechtszustand steht. Locke nannte deshalb die Beziehung von Souverän und Untertan bei Hobbes einen »Naturzustand« (Locke 1980: 80–1). Der rechtsfreie Naturzustand soll gemäß Hobbes' eigener Doktrin aber durch den Gesellschaftsvertrag aufgehoben und zwischen Herrscher und Beherrschten nicht perpetuiert werden. Die Idee vertraglich fixierten Rechts impliziert reziprok verpflichtende Bindungen. Aus der Sicht der Herrschaftsunterworfenen hängt die Zustimmungswürdigkeit zu souveräner Herrschaft von der Garantie der Schutzleistung von Rechten ab. Es bedarf der Rechenschaftspflicht und Kontrolle. Der Souverän gewährt diese Garantie und ist an diese vertragliche Abmachung gebunden. Auf diesem Gedanken beruht die Idee des modernen Verfassungsstaates, der die Formen, Prozeduren und Inhalte einer jeglichen Regierungskompetenz festlegt, bindet und begrenzt. Keine Gewalt im Staat ist unbegrenzt und unkontrolliert.

Wenn Volkssouveränität als Herrschaftsverhältnis des Volkes über sich selbst verstanden werden könnte, ergäbe sich die Möglichkeit einer Legitimation, die ohne heteronome Einschränkung der Souveränität auskommt: Da das Volk Verfassung und Gesetze über sich selbst beschließt, sind ihm dabei keine anderen Grenzen gesetzt als diejenigen, die es sich selber zu geben gewillt ist. Souveränität als Volkssouveränität scheint die absolute Ungebundenheit dieses Souveränitätsträgers zu begründen. In dieser Lesart der Volkssouveränität übertrumpft die Demokratietheorie den Fürstenabsolutismus. Sie ist aber unstimmig und widersprüchlich. Die Begrenzung der Volkssouveränität ergibt sich notwendig aus ihrer Begründung:

Mit H.L.A. Hart können wir den rechtlich ungebundenen Souverän als eine Person verstehen, deren Befehlen die große Mehrheit einer Gesellschaft gewohnheitsmäßig gehorcht, wobei diese Person selbst keiner anderen Person gewohnheitsmäßig gehorcht. Wenn der Träger dieser Souveränität ein Mensch ist, stellt sich bei dessen Tod die Frage nach der Kontinuität der Souveränität. Beginnt etwa die Tochter nach dem Tod des Souveräns zu regieren, stellt die gewohnheitsmäßige und personengebundene Befolgung der Befehle des Vaters keine Grundlage zur Befolgung ihrer Befehle mehr dar. Das Faktum eines unbedingten Gehorsamshabitus gegenüber einer Person konstituiert keine Grundlage des Transfers souveräner politischer Autorität (Hart 1961: 50–78).

Die Kontinuität souveräner politischer Autorität muss in dem Fall durch eine Regel gewährleistet werden, zum Beispiel durch die Regel der Thronfolge durch das erstgeborene Kind oder durch die minimale Regel, dass der Souverän während seines Lebens seinen Nachfolger bestimmt und dieser Entscheid nach seinem Ableben seine Gültigkeit behält. In unserem Beispiel regiert dann nach dem Tod des Vaters die Tochter souverän aufgrund einer Ermächtigungsregel und unter Inanspruchnahme eines Rechts, das auf dieser Regel beruht. Selbst in der einfachen absolutistischen Welt unseres Beispiels herrscht der Souverän II nicht selbstkonstitutiv, sondern aufgrund einer Regel und unter Inanspruchnahme eines daraus sich ergebenden Rechts. Dieses kann er nicht selbst geschaffen haben, weil es seine Souveränität überhaupt erst konstituiert. Die Ermächtigungsregel ist temporal und logisch prioritär zum Recht des Souveräns II.

Eine rechtliche Ungebundenheit des Souveräns ist also nicht einmal in der vermeintlich absolutistischen Welt des Souveräns I denkbar. Der Grund dafür liegt in der Annahme, dass der Souverän bestenfalls nur ein »sterblicher Gott« ist. Auch im Fall der Bestimmung des Nachfolgers durch souveränen Befehl beruht die Anerkennung der Souveränität von Souverän II nach dem Tod von Souverän I nicht mehr auf dem Gehorsamshabitus gegenüber Souverän II, sondern auf der Regel, dass der Souverän während seiner Lebenszeit den Nachfolger bestimmt. Auch in diesem Fall basiert die Souveränität von Souverän II nicht auf einem souveränen Akt von Souverän II, sondern auf einer Regel, die dieser Souverän nicht selbst bestimmt hat. Die Dauerhaftigkeit der Souveränität zwischen natürlichen Personen als Souveränitätsträgern impliziert notwendig eine Regelsetzung durch eine mit dem Souverän nicht identische Instanz.

Ist der Souveränitätsträger keine natürliche Person, sondern ein Kollektiv, wie zum Beispiel das Volk, erweitert sich sprunghaft die Anzahl der Regeln, die nötig sind, um die Kollektivperson als Souverän dauerhaft zu konstituieren und um ihr souveränes Handeln als solches zu identifizieren. Dies hat seinen Grund darin, dass das Volk nicht einfach formlos mit der real existierenden Bevölkerung identisch sein kann. Dafür gibt es mindestens zwei Gründe. (1) Die Bestimmung einer Bevölkerung als souverän handelndes Volk setzt Regeln voraus, die definieren, wer dazugehört und welche Entscheidungsprozeduren an welchen Versammlungsorten zu welcher Zeit bindend sind, etc. Diese Regeln rekurrieren auf eine Vielzahl von personalen, territorialen, temporalen, prozeduralen Kriterien, etc. Das Volk wird aufgrund von Anerkennungs- oder Ermächtigungsregeln zum Volk und Souveränitätsträger. (2) Wenn das souveräne Volk und die Bevölkerung identisch wären, bestünde gar kein souveränes Unterwerfungsverhältnis, die Souveränität des Volks wäre bedeutungslos. Der Souverän muss eine von den Unterworfenen unterschiedene Person sein, sonst ist er nicht souverän. Die Kollektivperson Volk ist also nicht einfach die Bevölkerung, sondern eine durch Ermächtigungsregeln konstituierte, von der Bevölkerung unterschiedene Körperschaft.

5.1 Regeln und Zuerkennung von Souveränität

Das Volk wird zum Volk konstituiert aufgrund der breiten Anerkennung von Ermächtigungsregeln und es unterscheidet sich dadurch von der Bevölkerung. Man könnte aber einwenden, dass das Volk die Ermächtigungsregeln, die es zum souveränen Volk machen, selbst bestimmt. Das Volk als generationsübergreifende, kollektive Körperschaft wäre nicht nur im Prinzip unsterblich, sondern es könnte sich auch selbst erschaffen. Ersteres trifft zu, hat aber nichts mit der Souveränität zu tun, sondern nur mit der Tatsache, dass alle Institutionen einzelne Generationen überdauern und so menschliches Handeln auf lange Sicht stabilisieren können. Das gilt für alle soliden Institutionen. Aber nach den Prinzipien der Volkssouveränität selbst erschaffen kann sich das Volk nicht. Das Volk kann erst dann souverän handeln, wenn es aufgrund der konstitutiven Regeln schon existiert. Es ist nicht ohne Zirkularität denkbar, dass sich das Volk souverän selbst konstituiert. Der eigentliche Stiftungsakt des souveränen Volkes geht den Prozeduren des souveränen Handelns des Volks immer voraus. Das Volk kann sich nicht selber demokratisch konstituieren. Damit das Volk entscheiden kann, muss schon feststehen, wer dazugehört und nach welchen Regeln entschieden wird (siehe Kap. 4, Das Demos-Problem). Die Ermächtigungsregeln, die das Volk konstituieren, stammen nie vom Volk selber und können gar nicht vom Volk selber stammen. Der Ursprung eines souveränen Volkes liegt notwendigerweise außerhalb des souveränen Handelns dieses Volkes. Er beruht auf einem Akt der Zuerkennung der Souveränität. Historisch kann man das leicht nachvollziehen. Alle souveränen Völker wurden gestiftet durch einen gemeinsamen Anerkennungsakt bereits bestehender souveräner Völker, durch einen fremden Anerkennungsakt bereits bestehender Souveräne, durch einen Appell einer Elite von »Verfassungsvätern«, etc.

Die Volkssouveränität ist in ihrem Grund heteronom. Eine vollständige Verfügungsgewalt des Volks ist sowohl analytisch als auch historisch unplausibel. Das Volk kann die höchste Staatsgewalt ausüben, ist dabei aber auf Regeln der Anerkennung angewiesen, die ursprünglich gar nicht von ihm selber stammen können. Diese Regeln der Anerkennung bestimmen und beschränken sein Handeln. Es ist kein Widerspruch, die Staatsgewalt des Souveräns einzuschränken, und dies gilt auch oder gerade in besonderem Maße für den Volkssouverän. Die These einer rechtlichen Ungebundenheit des Volkes ist noch problematischer als die These der rechtlichen Ungebundenheit des absoluten Herrschers. Das Volk als höchster Gesetzgeber ist von Ermächtigungsregeln (und den durch sie konstituierten Institutionen und Verfahren) abhängig, die es nicht außer Kraft setzen kann, ohne sich selbst aufzulösen. Es kann nur unter Anwendung dieser Regeln und der dahinter liegenden Bedingungen der Zustimmungswürdigkeit souverän handeln.

Die Ermächtigungsregeln können die Kompetenzen des Souveräns somit widerspruchsfrei einschränken; sie tun dies auch in zahlreichen Fällen (zum Beispiel Föderalismus; zwingendes Völkerrecht; US-Verfassung; deutsche Verfassung). Diese Schranken stellen analytisch betrachet keine positiven Pflichten für den Souverän dar. Es handelt sich nur um rechtliche Schranken. Sie bestimmen, was der Souverän und auch sonst alle Mitglieder der Gesellschaft nicht tun dürfen. Sie legen die Nichtexistenz einer Ermächtigung fest. Verbindet man aber dieses Argument mit der hobbesianischen Theorie, dann ergeben sich für den Souverän auch positive Schutzplichten. Damit ein Gesetz gilt, braucht es nicht auf den Ausspruch eines ungebundenen, allmächtigen Souveräns zurückgeführt zu werden. Es genügt, dass das Gesetz von einem dazu autorisierten Gesetzgeber gemacht wurde und dass es inhaltlich dessen Kompetenzen nicht widerspricht. Die Kompetenz des Souveräns, die Ermächtigungsregeln zu ändern, ist inhaltlich eingeschränkt, entweder durch die erläuterten analytischen Gründe, die im Begriff der Volkssouveränität selbst angelegt sind, oder durch äußere Regeln, von denen die Anerkennung eines Volkes als souveränes Staatsvolk abhängt. Das zwingende Völkerrecht, elementare Rechtsprinzipien und Grundrechte können somit widerspruchsfrei nicht zur Disposition des Volkes stehen.

5.2 Schranken der Volkssouveränität

Die Schranken der Volkssouveränität gelten nicht nur in Bezug auf analytisch nachweisbare Gründe, sondern auch in Bezug auf nachträgliche und durchaus änderbare Abmachungen. Durch Ratifikation internationaler Verträge, die nicht zwingendes Völkerrecht tangieren, hat sich das Volk auch nach außen gebunden. Diese Bindungen sind nicht immerwährend, gelten aber so lange, wie sie nicht gekündigt und neu ausgehandelt werden (*pacta sunt servanda*). Wenn ein neues nationales Gesetz einen Teil eines internationalen Vertrags verletzt, ist es zulässig, dass der internationale Vertragspartner auch andere Teile des Vertrags nicht mehr respektiert. Der Vertrag wird dadurch seiner normativen Grundlage beraubt. Verträge sind keine Menukarten, aus denen sich ein Volk *ex post* die Paragrafen auswählt, die ihm passen. Es sind Regelwerke, die man als Ganzes unterschreibt und/oder in denen man die Ausnahmen *ex ante* festlegt. Wer etwas im Vertrag ändern will, muss den Vertrag neu aushandeln, und der alte Vertrag gilt entweder so lange, bis der neu ausgehandelte unterschrieben ist, oder er wurde bereits gekündigt.

Eine Volksabstimmung zu einem Gesetz, das einen Teil eines völkerrechtlichen Vertrags mit Gesetzescharakter verletzt und letztlich zu dessen Auflösung führt, verletzt das Prinzip der Eindeutigkeit der Materie, weil eigentlich nicht nur punktuell über einen Punkt abgestimmt wird, sondern der ganze Vertrag infrage gestellt wird. Es müsste also der ganze internationale Vertrag zum Gegenstand der Abstimmung gemacht werden. Ansonsten besteht keine Transparenz über den eigentlichen Gegenstand der Abstimmung, und die Bürgerinnen und Bürger können sich kein klares Bild von den Konsequenzen ihrer Stimmabgabe machen. Sie stimmen dann implizit und nicht mehr explizit über eine Materie ab. Von diesem Schattenspiel mit impliziten Auswirkungen geht eine Aushöhlung der Volksrechte aus, die in einer Neukonzeption der Volkssouveränität im Zeitalter erhöhter Bedeutung internationaler Verträge in Betracht gezogen werden muss.

6. Demokratie und Demoikratie

6.1 Demoikratie als gemeinsames Stiften von Staatsgewalt und gemeinsames Regieren durch Staatsvölker

Demokratische Staaten, die Grundrechte anerkennen, sind aufgrund des transnationalen Charakters von Grundrechten konstitutiv miteinander verflochten. Miteinander in enger wirtschaftlicher und gesellschaftlicher Beziehung stehende Staatsvölker können sich zudem der Fremdeinwirkung durch die Entscheidungen anderer nicht entziehen und müssen anerkennen, dass sie selbst durch ihre Entscheidungen Wirkungen auf andere Staatsvölker erzeugen, die zu verminderter Selbstbestimmung führen können.[17] Zum Anspruch der Demokratie als grundrechtsbasiertes Regieren durch das Volk gehört deshalb auch das demokratische Gestalten und Kontrollieren der gegenseitigen Beziehungen zwischen Bürgern anderer Staatsvölker und zwischen den Völkern (demoi). Es lohnt sich, beim Begriff »Demokratie« einen Blick auf Aspekte zu lenken, die in seiner wörtlichen Bedeutung ausgeblendet werden. Einer dieser blinden Flecken ist folgender: »Demokratie« bedeutet »Herrschaft des Volkes«, als ob es immer nur ein einziges Volk, gewissermaßen eine Volksmonade, geben würde und dürfte, in der die Bürger eingeschlossen sind. Es gibt aber nicht nur ein Volk, sondern viele Völker, und es gibt transnationale Grundrechte. Das ist zunächst eine beschreibende Feststellung. Die Behauptung der Einzigartigkeit des Staatsvolkes ist aber auch vom begriffsanalytischen und normativen Standpunkt aus fragwürdig.

Erstens, haben zahlreiche moralisch begründete Grundfreiheiten einen transnationalen Charakter. Ausreisefreiheit, Vereinsfreiheit, Rede- und Schreibfreiheit, Pressefreiheit, Meinungsäußerungsfreiheit und dergleichen sind transnational. Das heißt: Staaten sind die Adressaten der Pflicht, diese Rechte zu schützen. Aber die Gruppe der Inhaber dieser Rechte ist nicht zwingend identisch mit der Gruppe der Bürger und Bürgerinnen der Staaten, die diese Rechte schützen müssen. Die Ausübung dieser Rechte ist nicht begrenzt durch Territorium oder Mitgliedschaft im Staatsvolk. Die Familien, Vereine, Verbände, Gewerkschaften, NGOs, Parteien, Firmen, Stiftungen, die Individuen gründen dürfen, können in puncto Mitgliedschaft und Niederlassungen transnational aufgespannt sein und oft sind sie es auch. Das Mitreden, Deliberieren, Publizieren von Texten und Intervenieren in Diskussionen bleibt in liberalen Demokratien nicht den Mitgliedern des Staatsvolkes vorbehalten. Die für die Demokratie wesentlichen Grundfreiheiten des Redens, Publizierens, Versammelns implizieren eine Vielzahl transnationaler Korrelationen zwischen Rechten- und Pflichtenträger.

Zweitens, ist es eine direkte Konsequenz des transnationalen Charakters vieler Grundfreiheiten, dass die Möglichkeit politischer Deliberation nicht auf die formellen Mitglieder des Demos, des Staatsvolkes beschränkt ist. Redefreiheit und Versammlungsfreiheit zum Beispiel erzeugen eine deliberative Öffnung des Demos und eine prinzipielle Durchdringung der liberalen demokratischen Völker. Die transnationalen Öffentlichkeiten, die so entstehen, sind zwar erfahrungsgemäß »schwächer« als die nationalen und weisen strukturelle Unterschiede auf (Brüggemann et al. 2009). Aber es kann behauptet werden, dass der deliberierende Demos und der in Wahlen und Abstimmungen formal entscheidende Demos aus begrifflichen Gründen nicht kongruent sind und dass sich dies in einer transnationalen Durchdringung demokratischer Prozesse auch in der Realität niederschlägt. Bürgerinnen und Bürger können sich in irgendeiner liberalen Demokratie an den politischen Diskussionen beteiligen. Durch das Internet wird diese transnationale Dimension des deliberierenden Demos erheblich verstärkt. Bedingung der Beteiligung an den Debatten ist nicht das Innehaben der Staatsbürgerschaft oder einer Niederlassungsbewilligung. Bedingung ist einzig und allein die Fähigkeit des Sprechens, Schreibens, Argumentierens, Begründens, etc. Das deliberierende Volk ist demnach transnational offen, wogegen das formell wählende und abstimmende Volk abgeschlossen und auf die Mitglieder beschränkt ist. Wie im dritten Kapitel erläutert, sind beide Dimensionen, Deliberation und kollektive Entscheidung, Teil der legitimen demokratischen Entscheidungsfindung. Das Austauschen von Argumenten, das Anhören anderer Positionen, das Einholen einer möglichst großen Zahl von Sichtweisen und Informationen gehört wesentlich zur Ausübung von Volkssouveränität im demokratischen Prozess.

Ein Nebeneinander von zwei liberalen, die Grundrechte anerkennenden Staatsvölkern bedeutete deshalb immer auch ein prinzipiell mögliches Ineinander der deliberativen Ausübung der Volkssouveränität. Die Volksherrschaft ist unter dieser Perspektive eine näher zu bestimmende Völkerherrschaft, die in einem monadischen Verständnis des Volkes und der Demokratie ausgeblendet wird (Cheneval 2011: 57–86). Die transnationale Dimension der liberalen Demokratie könnte nur durch eine vollständige Abschottung des Staatsvolkes und Territoriums und zum Preis der Vorenthaltung von Grundrechten gegenüber Mitgliedern und Nichtmitgliedern zum Verschwinden gebracht werden.

Drittens, gilt für jedes Volk das Demos-Problem (vgl. Kap. 4.6). Man könnte es auch das Ursprungsproblem des Volkes nennen. Dieses besteht darin, dass es keine mögliche Vorstellung der ursprünglich demokratisch legitimen Gründung eines Volkes gibt. Damit ist nicht gemeint, dass alle real existierenden demokratischen Staatsvölker historisch gesehen einen undemokratischen Ursprung haben, weil sie auf gewaltsamer Eroberung, autoritärer Herrschaft und dergleichen beruhen. Dieses historische Urteil ist zwar mit hoher Wahrscheinlichkeit zutreffend. Mit dem Demos-Problem ist aber noch etwas viel Grundsätzlicheres gemeint: Es gibt keinen Begriff davon, wie sich ein Staatsvolk demokratisch gründen könnte, ohne dass entweder das Volk in einem Verfahren bereits vorausgesetzt werden muss oder dass auf Prinzipien zurückgegriffen wird, die das Volk nicht konstituieren, sondern in ein »Volk ohne Grenzen« (*unbounded demos*) auflösen. Betrachtet man nur, nach welchem demokratischen Ideal eine demokratische Gründung des Volkes vonstattengehen kann, so stellt man fest, dass jede mögliche Gründung ein Prinzip des liberal-demokratischen Ideals verletzt. Die Frage, ob es nur einen real existierenden Demos geben soll oder viele, ist begrifflich und normativ nicht zu entscheiden, da jeder Demos mehr oder weniger undemokratischen Ursprungs ist. Mit anderen Worten ist eine Vielheit von Völkern prinzipiell ebenso legitim wie die Existenz eines einzigen Volkes. Worauf es ankommt, ist nicht die Anzahl der Völker, sondern die möglichst breite Anerkennung der politischen Institutionen durch die Herrschaftsunterworfenen und die Qualität der Interaktion zwischen Völkern. Dass Demokratie ohne Demos nicht möglich ist, trifft zu, bedeutet aber nicht, dass es nur ein Volk geben soll. Ebenso gut kann gesagt werden, dass Demokratie ohne Völker nicht möglich ist (Cheneval 2011: 27–42).

Viertens, die Art der Regierung der Staatsvölker spielt eine wichtige Rolle in der Kritik von Kolonialismus und Imperialismus. Diese Kritik hat ihren Grund im Wert der freien politischen Assoziation und im Wert der Anerkennung politischer Autorität. Es ist für die Legitimität einer Regierung nicht hinreichend, aber notwendig, dass Menschen gewisse politische Institutionen als *ihre eigenen* anerkennen, aufrechterhalten und sie zum Handeln im eigenen Namen autorisieren. Sie tun dies oft auch dann, wenn sie einzelne Entscheidungen dieser Institutionen ablehnen und wenn es utilitaristisch betrachtet bessere Lösungen gäbe, regiert zu werden. Wenn ein Staat in einem Teilstaat durch Infrastrukturbauten Ergebnislegitimität des Regierens zu erzeugen versucht, aber gleichzeitig die Bevölkerung mehrheitlich gar keine Herrschaft durch den Zentralstaat oder einen anderen Staat will und diese Herrschaft zum Beispiel die Folge einer Annexion ist, ist die Eingliederung in das Staatsvolk und Territorium illegitim. Notwendig ist die grundsätzliche Bejahung der politischen Gemeinschaft und Autorität als die eigene (Stilz 2013).

Diese Gründe zeigen, dass demokratische Staatsvölker, die Grundrechte gewähren, legitim sind, aber begrifflich nicht als Singularitäten erfasst werden können und normative Ansprüche der Demokratietheorie in den Beziehungen zueinander zu erfüllen haben. Zum demokratischen Staat gehört die demokratische Gestaltung der Beziehungen zu anderen demokratischen Staaten. Deshalb ist es wünschenswert und unter Umständen sogar notwendig, dass Staatsvölker die in der Folge der Gewährung der Grundfreiheiten entstehende mögliche Fremdbestimmung durch gemeinsame Institutionen wechselseitig abgelten. »Demoikratie«, sprich »Völkerherrschaft« (griechisch *demoi* = Völker), bringt diesen Gedanken zum Ausdruck. Die Demokratietheorie und die Theorie der internationalen Beziehungen müssen in einer demokratischen Grundsätzen entsprechenden Theorie zusammengeführt werden.

Als Ansatz kann eine Beschreibung der Demokratie im föderalen Staatsgebilde dienen. Eine Stadt, die ein Parlament und eine Regierung hat, Wahlen und Abstimmungen durchführt und deren Bürgerinnen und Bürger gemeinsam politisch handeln, hat ein regierendes Volk im Sinn der Demokratie. Dieses Volk ist zwar formell nicht souverän, aber es verfügt über eine politische Autonomie und handelt als Inhaber der Regierungsgewalt in seinem Hoheitsbereich. Ein Mitgliedstaat eines föderalen politischen Gebildes, der als Mitgliedstaat eine Verfassung hat, eine Regierung, ein Parlament, Gerichte, und dessen Bürgerinnen und Bürger in Wahlen und Abstimmungen und all den damit zusammenhängenden Aktivitäten gemeinsam politisch handeln, hat ein souveränes Volk. Das Volk als Gemeinschaft der Bürger gilt hier als staatstiftende Autorität (*pouvoir constituant*). Ein Bundesstaat, dessen Mitgliedsvölker und Bürgerinnen sowie Bürger in Wahlen oder Abstimmungen gemeinsam politisch handeln, hat mehrere regierende Völker. Er hat unter Umständen mehrere *pouvoirs constituants*, denn in ihm enthalten und vielseitig mit ihm verbunden sind die Völker der Mitgliedstaaten. Eine solche Demokratie ist in Wirklichkeit eine Demoikratie, eine Staats- und Regierungsform, die von einer Vielzahl von Völkern gestiftet und ausgeübt wird, die man sich ihrerseits nicht als in sich geschlossene Einheiten denken sollte. Der Begriff »Demokratie« verbirgt also unter Umständen diese Pluralität der Völker und *pouvoirs constituants* und er suggeriert womöglich irreführenderweise, dass das Volk notwendig als eine selbstbezügliche, abgeschlossene Einheit zu verstehen ist.

Es ist auch nicht adäquat, dem Volk einen sekundären Status gegenüber dem Staat zuzuerkennen. Der Begriff der Volkssouveränität sieht vor, dass das Volk den Staat stiftet und dass die Beteiligung der Bürger an der Regierung und an deren Kontrolle den Staat strukturell bestimmt. Die Demokratie ist also nicht nur eine Regierungsform, sondern immer auch eine Staatsform. Wenn ein politisches Gebilde mehrere Teilvölker hat, die in demokratischen Verfahren zum Teil eigenständig handeln, zum Teil aber institutionell miteinander verbunden sind, betrifft das nicht nur die Regierungstätigkeit, sondern die konstitutive Struktur des gesamten Staatsgebildes. Es ist möglich, dass eine Demokratie nur ein Staatsvolk hat. Eine Demokratie in diesem strengen Sinn hat in dem Fall einen *pouvoir constituant* (Volkssouverän) und mehrere *pouvoirs constitués* (Regierungsgewalten). Eine Demoikratie hingegen ist dann gegeben, wenn es nicht nur einen, sondern mehrere *pouvoirs constituants* gibt und auch mehrere *pouvoirs constitués*.

6.2 Zwei Typen von Demoikratie

Es lassen sich zwei Typen von Demoikratie unterscheiden: ein bundesstaatlicher und ein zwischenstaatlicher. Der erste Typus umfasst mehrere rechtlich-politisch verfasste Teilvölker. Sowohl die Teilvölker als auch die Bürgerinnen und Bürger sind in allen politischen Institutionen vertreten. Der Hauptunterschied zum zwischenstaatlichen Typus besteht aber im Status dieser Mitgliedsvölker. Sie haben eine eigene Verfassung und weitgehende Kompetenzen, aber sie haben als einzelne kein Vetorecht bezüglich der Grundregeln und in den meisten Fällen auch kein Austrittsrecht. Der US-amerikanische Bürgerkrieg ist das historische Beispiel dafür, was es bedeuten kann, wenn Mitgliedstaaten kein Austrittsrecht haben und dieser Zustand mit Zwangsgewalt vom Bundesstaat durchgesetzt wird.

Die rechtlich und politisch verfassten Völker – Stadtvölker, Landesvölker, Nationalstaatsvölker, etc. – haben einen unterschiedlichen Status und können institutionell verschieden miteinander verbunden sein. In den klassischen internationalen Beziehungen herrscht ein rechtlich geregeltes Nebeneinander von unabhängigen Völkern. In diesem Fall von einer Demoikratie zu sprechen wäre nicht angemessen, weil die Völker nur von Fall zu Fall miteinander handeln, keine gemeinsame Regierungstätigkeit wahrnehmen und sich keine gemeinsamen institutionellen Einschränkungen auferlegen, die vom politischen Handeln von Bürgerinnen und Bürgern bestimmt sind. Es kann aber argumentiert werden, dass die Stiftung einer Staatsgewalt durch ein souveränes Volk, als die Gründung eines Staatsvolkes, auch von der Anerkennung durch die anderen Staatsvölker abhängig ist, also im strengen Sinn demoikratisch und nicht nur demokratisch begründet ist.

In multilateralen Organisationen kann sich der Status der Mitgliedstaatsvölker je nach Grad der Institutionalisierung ändern. Es ist eine Tendenz weg von den klassischen internationalen Beziehungen festzustellen, denn es gibt in zunehmendem Maß multilaterale Organisationen, die auf gemeinsamen verbindlichen Regeln beruhen und deren Mitgliedsvölker unabhängige übergeordnete Institutionen anerkennen (Ruggie 1993). Von einer Demoikratie kann dann gesprochen werden, wenn in einer multilateralen Organisation alle Mitgliedstaaten intern demokratisch regiert und die gemeinsamen Institutionen gemäß den Grundsätzen demokratischen Regierens geführt werden, sie also den Bürgerinnen und Bürgern gegenüber rechenschaftspflichtig sind und von diesen zum Beispiel durch Wahlen, Bürgerinitiativen und Abstimmungen mitbestimmt werden können.

In diesem multilateralen Typus von Demoikratie bleiben die Völker souveräne *pouvoirs constituants* (Habermas 2011; Cheneval 2011). Das heißt konkret und formal, dass die souveränen Mitgliedsvölker erstens ein Vetorecht haben bezüglich der Verträge, in denen die Grundregeln und Institutionen der Organisation festgelegt werden, und zweitens über ein Austrittsrecht verfügen. Die Regeln, auf die man sich geeinigt hat, gelten aber allgemein für alle Mitglieder. In der Demoikratie gilt für das Mitgliedstaatsvolk, was für den Bürger in jedem demokratischen Land gilt: »exit and voice« (Austrittsrecht und Mitbestimmungsrecht). Regierungskompetenzen werden unter Umständen an gemeinsame oder übergeordnete Institutionen abgetreten, es wird aber nicht das Recht aufgegeben, sich aus diesen Institutionen als Staatsvolk wieder zurückzuziehen. Das Vetorecht soll gemäß diesem Modell die Nicht-Beherrschung der demokratisch regierten Völker bestmöglich gewährleisten.

Andererseits wird aber Völkersouveränität in dem Sinn positiv wahrgenommen, dass die Völker einstimmig und gemeinsam verbindliche Grundregeln verabschieden können und durch diese auch Institutionen einsetzen können, die Gesetze über Mehrheitsentscheide beschließen. Im Negativen ist in der Demoikratie multilateralen Typs jedes Volk für sich souveräner Stifter der Staatsgewalt (Vetorecht), im Positiven sind es nur alle gemeinsam (Einstimmigkeitsregel für neue Grundregeln oder deren Änderung). In anderer Terminologie ausgedrückt: Den Status quo der Grundregeln, der durch Einstimmigkeit entstanden ist, kann jedes Volk allein kontrollieren, eine Veränderung der Grundregeln können nur alle zusammen bewirken.

Demoikratie ist idealtypisch eine intermediäre demokratische Struktur zwischen einer internationalen Organisation und einem Staat. Sie steht historisch für die Transformation des Staates und der aus Staaten bestehenden internationalen Ordnung im Zeichen zunehmenden Drucks zur Problemlösung durch gemeinsame Regierungstätigkeit von demokratischen Staatsvölkern. Andererseits steht Demoikratie für den Grundsatz, dass politische Integration zwischen Staatsvölkern nicht zu deren Auflösung gegen ihren Willen führen soll, weil dies einer Verletzung des

Rechts auf politische Autonomie gleichkommt. Partikulare kollektive Identitäten, lokales »ownership«, der Bottom-up-Charakter legitimer demokratischer Politik sollen nicht verneint werden. Dem Bemühen der Staatsvölker, autonom zu bleiben – sofern vorhanden –, soll Rechnung getragen werden. In diesem Umfeld ist es plausibel, dass werteverwandte demokratische Staaten, die sich entschließen, innerhalb eines allgemeinen politischen Rahmens eine gemeinsame Regierungstätigkeit wahrzunehmen, diese auch an einen Bürgerwillen zurückbinden wollen.

Demoikratie	Austrittsrecht des Mitgliedsvolkes	Vetorecht des Mitgliedsvolkes zu verfassungsmässigen Grundregeln	Mehrere Völker als Stifter der Staatsgewalt (pouvoirs constituants)
multilateral	ja	ja	ja
bundesstaatlich	nein	nein	ja

6.3 Demoikratie als faires Regierungssystem von Völkern

Auf der Grundlage des Ansatzes, der die engere Regierungszusammenarbeit von demokratischen Staatsvölkern als Transformation der Demokratie zur Demoikratie betrachtet, muss gefragt werden, welchen Grundsätzen eine solche Demoikratie des multilateralen Typus verpflichtet sein sollte, um als faires Regierungssystem von demokratischen Völkern gelten zu können. Im Zusammenhang mit dem Idealtypus der Demoikratie wurden bereits das Austritts- und Vetorecht der Mitgliedsvölker als formale Bedingungen genannt. Der Idealtypus der Demoikatie kann aber nicht direkt als normativer Standard betrachtet werden. Aus formalen Definitionselementen folgen keine normativen Prinzipien und Pflichten. Sie dienen nur der Beschreibung und Unterscheidung. Die Begründung von Rechten und Pflichten von Bürgern und Staaten muss aus einer normativen Perspektive geleistet werden.

Die Prinzipien, die in diesem Zusammenhang interessieren, sollten spezifisch sein für die Demoikratie. Auch sollten sie nicht einfach aus einem nationalen Demokratiemodell direkt abgeleitet, sondern für potenzielle Mitgliedsvölker akzeptabel sein, die so autonom wie möglich bleiben und gemeinsam politisch handeln wollen. Auf einer Liste mit solchen Prinzipien werden einige Grundsätze der Demokratie fehlen, nicht weil sie keine Geltung haben, sondern weil sie für alle Demokratien gelten, unabhängig davon, ob diese in Demoikratien eingebunden sind oder weil es sich um allgemeine Prinzipien des internationalen Rechts handelt. Menschenrechte, Gewaltenteilung, allgemeine Rechenschaftspflicht der politischen Autoritäten, Rechte von Mitgliedern von Minderheiten, Rechtsstaatlichkeit, Bürgerrechte, etc., all dies sind Elemente, die in einer Demoikratie gelten. Sie sind aber nicht spezifisch für die Demoikratie. Desgleichen sind zum Beispiel das Recht auf Selbstverteidigung, die Unterstellung unter das humanitäre Völkerrecht und andere Grundsätze nicht spezifisch für die Demoikratie. Sie sind dem allgemeinen Völkerrecht eigen, das auch für nicht-demokratische Staaten gelten soll.

Die normative Theorie der Demoikratie oder multilaterale Demokratie umfasst im Vergleich zur Literatur, die sich mit der nationalen oder globalen Demokratie beschäftigt, bisher wenig Ansätze. Die Theorien der Demoikratie unterscheiden sich von den Theorien des Kontinentalstaates oder Weltstaates methodisch durch die Annahme, dass die höherstufige Konstruktion der Demokratie zwischen Völkern nicht strukturgleich zur nationalen oder nur ein Volk umfassenden Demokratie gedacht werden kann, sondern mit einer Transformation des institutionellen Gefüges und der Bedingungen der Demokratie einhergeht. Sie steht damit im Gegensatz zu einer gradualistischen Theorie der nationalen, kontinentalen oder globalen Demokratie (*gradualism*), die die strukturgleiche Rekonstruktion des Staatsvolkes auf einer jeweils höheren und letzlich globalen Ebene unterstellt und eine bundestaatliche Weltdemokratie einfordert (Höffe 1999; Held 1995; Archibugi 2008). Davon unterscheidet sich die Theorie der Demoikratie, welche die politische Konstruktion der Demokratie von Völkern als eine zusammengesetzte politische Einheit versteht, die sich von der inneren Struktur ihrer Teile unterscheidet und neue normative Prinzipien aufweist (*transformationalism*). Die methodische Idee geht auf Robert Dahl zurück, der die Übertragung der Demokratie vom Stadtstaat auf den Nationalstaat als Transformation der direkten zur repräsentativen Demokratie modelliert hat (Dahl 1989). In Fortführung dieser These kann die Neuverortung der Demokratie in der Demoikratie als dritte Transformation gedacht werden. So wie die direkte Demokratie im Nationalstaat keineswegs zwingend abgeschafft werden muss, sondern zur repräsentativen Demokratie in ein Ergänzungsverhältnis treten kann, so ist es auch für die Demoikratie plausibel, dass die Prinzipien und institutionellen Strukturen der nationalstaatlichen Demokratie mit denjenigen der Demoikratie in ein Verbindungs- und Ergänzungsverhältnis treten und neue Elemente hinzukommen.

Dem gegenüber stehen Theorien, die den Ort der Demokratie entweder strikt im Stadtstaat oder Nationalstaat verankert sehen und eine Transposition der Demokratie auf höhere Stufen und zusammengesetzte politische Einheiten für prinzipiell illegitim halten, weil kein Rückbezug auf einen Bürgerwillen oder ein

Zusammengehörigkeitsgefühl mehr möglich sei und die Ausübung souveräner Staatsgewalt im Namen des Volkes unmöglich wird (Rousseau 1762; Dahl 1999; Miller 2000; 2006). Diese Positionen beruhen hauptsächlich auf historisch kontingenten Annahmen mangelnden Interesses und fehlender Information der Bürger über das Geschehen jenseits der jeweils relevanten politischen Grenze, auf Annahmen mangelnden Zusammengehörigkeitsgefühls und ausbleibender Anerkennung der höherstufigen Institutionen. Das sind alles empirische Argumente, die kontingenterweise gegen jede repressiv eingesetzte politische Konstruktion ins Feld geführt werden können. Auch Nationalstaaten und ihre Subeinheiten können diese Mängel aufweisen. Zudem begründen empirisch kontingente Annahmen keine prinzipielle Unmöglichkeit politischer Integration, sie zeigen allerdings die realen und historisch bedingten Schwierigkeiten auf, die solch höherstufigen Formen der Demokratie entgegenwirken.

Der bislang minimalistischste Ansatz in Bezug auf die institutionelle Ausgestaltung der Demoikratie stammt von James Bohman, der die Demoikratie vor allem diskursethisch als eine bestimmte Qualität der Deliberation und wechselseitigen Öffnung der Öffentlichkeiten modelliert, aber normativ keine neuen Prinzipien und kein institutionelles Design zu bestimmen versucht (Bohman 2007). Am anderen Ende des methodischen Spektrums steht Kalypso Nicolaïdis, eine Autorin, die den Begriff der Demoikratie geprägt hat und die demoikratische Sittlichkeit aus den normativen Zielen und der sozialen Praxis der Akteure der europäischen Integration ableitet (Nicolaïdis 2004; 2013). Ihren Analysen zufolge konkretisiert sich der normative Kerngehalt der Demoikratie in Begriffen der wechselseitigen Anerkennung (Nicolaïdis/Shaffer) und in der Anerkennung der Tatsache, Teil einer politischen »Gemeinschaft von Anderen« zu sein, anstatt sich durch Abgrenzung vom signifikanten Anderen als politische

Einheit zu konstituieren. Institutionell ist diese Konzeption von Demoikratie stark auf Konsensfindung und auf horizontale und dezentrierte Strukturen hin angelegt, die gemeinsam von Staatsvölkern getragen werden. Vertikal-hierarchische Strukturen werden nur so weit akzeptiert, als sie horizontale Anerkennung ermöglichen, zum Beispiel durch Gewährleistung von Minimalstandards, die das Vertrauen zur wechselseitigen Anerkennung von weitergehenden, unterschiedlichen Standards schaffen. Sobald zusätzliche hierarchische und zentrale Herrschaftsstrukturen aufgebaut werden, überschreitet eine politische Gemeinschaft den Rubikon von einer Demoikratie zu einer Demokratie. Dies wird von Nicolaïdis nicht nur formal, sondern normativ verstanden. Bezogen auf die EU käme es gemäß dieser Autorin für den Fall eines Übergangs von einer Demoikratie zu einer Demokratie zu einer Verletzung des historisch gewachsenen demoikratischen Ethos der europäischen Einigung.

Die von Cheneval (2008; 2011) entwickelte Theorie der Demoikratie und ihre Begründung der Kriterien demoikratischer Legitimität beruht auf einem normativen politischen Konstruktivismus, in dem die Prinzipien der Demoikratie als eines fairen Regierungssystems von Demokratien aus einer liberalen Urzustandssituation abgeleitet werden. Die Grundidee ist, die Methode der Rawls'schen Vertragstheorie und des politischen Konstruktivismus so zu modifizieren, dass sie auf liberale demokratische Völker zutrifft, die nach Gerechtigkeitsprinzipien einer gemeinsamen Demoikratie fragen. Dazu bedarf es zweier hauptsächlicher Modifikationen. Erstens, John Rawls selbst sah zwei getrennte Gedankenexperimente von Urzustandssituationen vor: eine für den Verfassungsstaat, in welcher Bürgervertreter hinter dem Schleier der Unwissenheit die basalen Gerechtigkeitsprinzipien des Verfassungsstaates bestimmen; und eine zweite für das Völkerrecht, in welcher Volksvertreter hinter dem Schleier der Unwissenheit die basalen Gerechtigkeitsprinzipien des Völkerrechts bestimmen. Mit dem Schleier der Unwissenheit ist jenes Grundmerkmal der verbundenen Augen gemeint, das fast alle Darstellungen der Justitia zeigen und das daran erinnert, dass ein gerechtes Urteil unter Bedingungen der Abwesenheit jener Informationen stattfinden sollte, die das Urteil verzerren könnten. Die Urzustandssituation der Demoikratie ist ein Gedankenexperiment, in dem sowohl Bürgervertreter der jeweiligen Grundinstitution als auch Völkervertreter dieser Institution gedanklich versammelt werden, wobei die Bürgervertreter nicht wissen, ob sie sesshafte oder innerhalb des Systems migrierende Bürger sind und die Staatsvölker wie bei Rawls ihre Machtposition nicht kennen. Die Grundprinzipien der Demoikratie müssen beiden Typen von Vertretern hinter dem Schleier der Unwissenheit als akzeptabel erscheinen. Diese gemischte Urzustandssituation ist in dem Gedanken begründet, dass für die politische Konstruktion eines aus liberalen Staatsvölkern zusammengesetzten Gebildes sowohl dem liberalen Verfassungsstaat als politischer Einheit als auch dem transnationalen Charakter der Grundrechte Rechnung getragen werden soll (Cheneval 2008). Die Demoikratie ist eine Einheit von Völkern, die durch je eigene Institutionen und gemeinsame Institutionen Bürger- und Grundrechte realisieren und diese Institutionen mit den verschiedenen Bürgergesellschaften abgelten. Die Demoikratie ist eine politische Gemeinschaft, deren konstitutive Elemente (*pouvoirs constituants*) liberal-demokratische Völker darstellen, also Völker, die durch ein gemeinsames Regime transnationale Grundrechte garantieren. Die zweite Modifikation im Vergleich zu Rawls ist demnach, dass die jeweiligen liberalen Völker nicht als absolut geschlossene Gesellschaften gedacht werden. Die versammelten Bürgerinnen und Bürger der Urzustandssituation wissen hinter dem Schleier der Unwissenheit nicht, ob sie in Wirklichkeit sesshafte oder migrierende Bürger innerhalb des gemeinsamen politischen Gebildes sind. Die Staatsvolksvertreter wissen nicht, ob sie Herkunfts- oder Ankunftsländer der Migration vertreten und welche ökonomische Macht sie haben. Auf dieser Grundlage argumentiert Cheneval (2011) für folgende intermediäre Prinzipien – die Liste ist nicht vollständig und definitiv. Es wird aber unterstellt, dass die Verletzung eines der genannten Prinzipien die Demoikratie tendenziell zu einer ungerechten und instabilen politischen Ordnung werden ließe.

1. Souveränität des Staatsvolkes betreffend Beitritt, Austritt und Änderung des Grundvertrags der demoikratischen Ordnung
2. Nicht-Diskriminierung der Staatsvölker und Bürger
3. wechselseitige Anerkennung transnationaler Rechte und Freiheiten der Bürger der Mitgliedstaatsvölker
4. Repräsentation der Staatsvölker und Bürger in allen Institutionen der Demoikratie
5. Prinzip der Sprachengerechtigkeit
6. Differenzprinzip der Staatsvölker

Hier einige knappe Erläuterungen zu den Prinzipien. Allgemein lässt sich sagen, dass die Prinzipien alle zusammen erfüllt werden müssen. Eine selektive Beachtung führt mit hoher Wahrscheinlichkeit schnell zu Ungleichgewichten und Benachteiligungen.

Zu 1: Für die Demoikratie wird die Freiheit und rechtlich-politische Gleichheit der Mitgliedsvölker vorausgesetzt. Durch die gemeinsame Regierung in bestimmten Bereichen wird zwar die politische Gleichheit der Bürgerinnen und Bürger im einzelnen Staatsvolk relativiert. Dies ist dann legitim, wenn diese Bürgerinnen und Bürger dem Beitritt zur Demoikratie zugestimmt haben und wieder austreten können. Ohne diese zwei Vorbedingungen kann man sich die Demoikratie nicht als faire Assoziation von demokratisch konstituierten Völkern vorstellen. Da die Demoikratie aus politisch autonomen Völkern besteht, müssen der Beitritt zu einer Demoikratie, ihre Grundregeln und auch der Austritt jeweils vom Volkssouverän (*pouvoir constituant*) des einzelnen Mitgliedsvolkes beschlossen werden. Die Demoikratie ist also auf eine verfassungsmäßig garantierte Partizipation der Bürgerinnen und Bürger an ihrer Institutionenbildung in den jeweiligen Mitgliedsvölkern angewiesen. Die Demoikratie kann nicht nur unter Einbeziehung der Bürgerinnen und Bürger regiert, sondern sie muss auch demoikratisch generiert werden, denn sie hat eine Vielheit von *pouvoirs constituants.*

Zu 2: Der Grundsatz der Nicht-Diskriminierung gilt in der Demokratie. In der Demoikratie bedeutet er erstens, dass partikulare Standards in den Mitgliedsländern unterschiedlich gesetzt werden können; diejenigen Standards, die aber in die Kompetenz des gemeinsamen Kompetenzbereichs fallen, müssen für alle gleich gelten und angewendet werden. In einer Urzustandssituation, in der die Beteiligten ihre soziale Position oder Machtposition als Staatsvolk nicht kennen, ist dieses Prinzip akzeptabel für alle. Im Gegesatz dazu würden Prinzipien, die transnationale Sonderbehandlungen und Diskriminierungen von Mitgliedstaaten oder ihrer Bürger erlauben, hinter dem Schleier des Nichtwissens von allen als unerwünscht betrachtet werden müssen, weil sie zur nachhaltigen Beherrschung der weniger einflussreichen durch einflussreiche Staatsvölker führen.

Zu 3: Alle Mitgliedsvölker akzeptieren die wechselseitige Garantie transnationaler Rechte. Sie anerkennen also Individualrechte, die nicht nur für ihre eigenen, sondern auch für alle Bürgerinnen und Bürger aller anderen Mitgliedsvölker gelten. Staatsvölkervertreter und Bürgervertreter, die hinter dem Schleier der

Unwissenheit nicht wissen, ob sie Herkunfts- oder Ankunftsländer sind, ob sie als Bürger migrieren oder sesshaft sind, und die ihre soziale Position und Machtposition nicht kennen, entscheiden sich für die Garantie transnationaler Freiheiten, weil sie zu einer kohärenteren Realisierung der Freiheit im gemeinsamen politischen Gebilde führt. Das Prinzip impliziert nicht die wechselseitige Garantie aller im jeweiligen Staatsvolk garantierten Individualrechte, sondern nur derjenigen, die als Grundrechte transnationalen Charakter haben.

Zu 4: Eine Demoikratie als faires Kooperationssystem von Staatsvölkern beachtet ein Prinzip gleicher politischer Repräsentation von Staatsvölkern und Individuen in den Bereichen des gemeinsamen Regierens, sodass gemeinsame Institutionen ein Gleichgewicht zwischen Bürgerrepräsentation auf Mitgliedstaatsebene, Bürgerrepräsentation auf der übergeordneten und Repräsentation der Staatsvölker herstellen müssen.

Zu 5: Hinter dem Schleier des Nichtwissens (und unter Voraussetzung der Prinzipien 2–4) einigen sich die Repräsentanten im Urzustand auf das Recht der Staatsvölker, positive Sprachenrechte einzuschränken. Das will zum Beispiel heißen: Das Recht auf öffentliche Erziehung und Bildung oder auf Information in einer anderen Sprache als der im Hoheitsbereich offiziell anerkannten ist kein legitimes Recht in der Demoikratie. Das Prinzip impliziert die Anerkennung der Territorialität für die Geltung offizieller Sprachen. Es impliziert aber auch, dass die Einschränkung negativer Sprachenrechte unzulässig ist. Im Gedankenexperiment des Urzustands findet kein Repräsentant eine formelle Regelung der Sprachenfrage fair, die zum Verlust der sprachlichen Kohäsion eines Staatsvolkes oder eines seiner Teile führen kann. Die Einschränkung von positiven Sprachenrechten ist deshalb akzeptabel, nicht aber die Einschränkung des Rechts, im privaten Bereich eine Sprache zu sprechen.

Zu 6: In der Demokratie plädiert Rawls für das Differenzprinzip. Unter der Voraussetzung von gleichen Freiheiten sind ökonomische Ungleichheiten dann gerechtfertigt, wenn die am schlechtesten Gestellten am meisten von den strukturellen Wirkungen des Systems profitieren. In der Demoikratie wird dieses Prinzip nicht individualistisch auf das Gesamtgebilde übertragen, sondern kollektivistisch auf die Staatsvölker (Cheneval 2011). Hinter dem Schleier des Nichtwissens stimmen die Staatsvölkervertreter und Bürgervertreter nicht einem zentralistischen Sozialstaat zu, sie finden aber ein Prinzip akzeptabel, das Freizügigkeit der Individuen zwischen den Staaten erlaubt und den am schlechtesten gestellten liberalen Mitgliedsvölkern zugesteht, ihren Wohlstand stärker zu vergrößern, als wenn sie außerhalb bleiben würden. Die Demoikratie ist als faire Kooperationsgemeinschaft von Völkern zu verstehen, ohne dass in der normativen Theorie im Einzelnen festgelegt werden kann, mit welchen Mitteln und Strukturen dieses überproportionale Wohlstandswachstum schlechter gestellten Mitgliedsvölker ermöglicht wird. Die institutionellen Bedingungen müssen so gestaltet werden, dass Ungleichheiten und Ungleichgewichte zur Besserstellung der am schlechtesten Gestellten beitragen oder als Bedingungen von deren Wachstum in Kauf genommen werden. Rawls selber hat gesagt, dass das Differenzprinzip keine direkte Anwendung in der Verfassungsgerichtsbarkeit finden kann. Es sind also nicht Richter, die darüber befinden können, ob es eingehalten wird. Es handelt sich um ein allgemeines Prinzip der normativen Orientierung. Zweitens gilt es nur als Grundprinzip der Basisinstitution, nicht als Prinzip, das auf konkrete Maßnahmen angewendet werden kann (Rawls 1999). Das der Demoikratie eigene Differenzprinzip der Staatsvölker stellt einen wichtigen allgemeinen Benchmark für die Beurteilung der ökonomischen Fairness einer Demoikratie dar.

Es ist im Prinzip möglich, dass das Prinzip aufgrund von internen Strukturen und Handlungen der Staatsvölker, aufgrund von systemischen Effekten der gemeinsamen Institutionen der Mitgliedsvölker oder aufgrund von äußeren Schocks nicht eingehalten wird. Versuchsweise und exemplarisch kann das Prinzip folgendermaßen auf die EU angewendet werden. Im Jahr 2009 betrug das Wachstum des BIP (Bruttoinlandsprodukt) des am schlechtesten gestellten EU-Mitgliedstaates Lettland -18,7 Prozent. Dieser Wert veränderte sich auf +21,9 Prozent in 2011. Litauen hat ähnliche Zahlen. Eine Schrumpfung des Wachstums des BIP in 2009 um -17,3 Prozent und ein Wachstum von 21 Prozent in 2011. Im EU-Durchschnitt ergibt sich in diesen Jahren eine Änderung von -6,1 Prozent auf +2,8 Prozent. Kurzgefasst bedeutet dies, dass während der schlimmsten Jahre der Krise das Wachstum des BIP per capita des am schlechtesten gestellten EU-Mitgliedstaates am größten war, wobei allerdings zuvor auch die Schrumpfung am größten war. Es kann also behauptet werden, dass am Anfang der Finanzkrise das demoikratische Differenzprinzip in der EU zunächst verletzt, im Verlauf der Krise aber eingehalten wurde, und die EU nicht nachhaltig aufgehört hat, eine einigermaßen faire Kooperationsgemeinschaft von Staaten zu sein. In der Eurozone ergibt sich eine ähnliche Situation. Das am schlechtesten gestellte Euroland war 2009 die Slowakei. Sein BIP-Wachstum per capita betrug 2009 -2,7 Prozent. Dieser Wert ändert sich auf +4,7 Prozent in 2011. Der Durchschnitt der Eurozone verzeichnete 2009 eine Schrumpfung des BIP per capita um -3,8 Prozent. Dieser Wert ändert sich auf +2,4 Prozent in 2011. Das am besten gestellte Land der Eurozone, Luxemburg, verzeichnete 2009 eine Schrumpfung des BIP per capita Wachstums von -5,3 Prozent. Es fand zurück auf einen Wachstumspfad von +4,4 Prozent in 2011 (alle Zahlen stammen von Eurostat).[18]

Selbstverständlich müsste diese grobe Analyse differenziert und vertieft werden. Die Anwendung ist hier nur exemplarisch dargestellt. Insbesondere die Zeithorizonte der Untersuchung müssten vergrößert werden, um zu aussagekräftigeren Resultaten zu gelangen. Auch die Position der dazwischen liegenden Staaten sollte berücksichtigt werden. Aber wir können mindestens in Bezug auf die genannten Daten sagen, dass die EU und die Eurozone das Differenzprinzip in seiner einfachsten Form nicht so offensichtlich verletzen, wie das immer unterstellt wird. Vieles deutet darauf hin, dass der Nutzen für die am schlechtesten Gestellten in bestimmten Zeitspannen am größten ist. Insbesondere während der Krise zwischen 2009 und 2011 weisen die am schlechtesten gestellten Staaten das größte BIP-Wachstum pro Kopf aus. Schlechtestgestellte Staaten hatten auch während der Krise die Möglichkeit, sich vergleichswiese signifikant besser zu stellen. Methodisch ist festzuhalten, dass die Qualität der Demoikratie ein Resultat von nationalen und supranationalen Strukturen und von deren Interaktion ist. Mit anderen Worten, die Theorie der Demoikratie suggeriert, dass beide institutionellen Ebenen und deren Interaktion evaluiert werden müssen.

Zu allen Prinzipien lässt sich insgesamt feststellen, dass eine Missachtung von einem oder mehreren der genannten Prinzipien Grund dazu gibt, von einer Verletzung der Fairnessprinzipien der Demoikratie zu sprechen, weil in arbiträrer Weise Herrschaft über ein Volk oder seine Bürgerinnen und Bürger ausgeübt und das Grundprinzip der Gleichheit und Freiheit der Völker und Bürgerinnen und Bürger verletzt würde

6.4 »Demoikratie« anstatt »Demokratie und Föderalismus«?

Was ist der Mehrwert des Begriffs der Demoikratie im Vergleich zum traditionellen Vokabular des Föderalismus mit seinen beiden Grundbegriffen »Staatenbund« und »Bundesstaat«? Föderalismus und Demokratie sind nicht nur unterschiedliche, sondern auch gegensätzliche Begriffe und Theoriebündel. Unterschiedlich sind sie, weil der Föderalismus als eine Theorie von Fürsten- und Staatenbünden entwickelt wurde, ganz unabhängig von der Theorie der Demokratie. Bünde zwischen Fürsten, Staaten oder Ständen sind ohne Begriff und Einbeziehung liberaler und demokratischer Rechte von Bürgerinnen und Bürgern denkbar, und ein großer Teil von Theoriebildung und Praxis des Föderalismus fällt in Europa in eine vordemokratische Zeit zurück (Fröschl 1994; Foerster 1967). Innerhalb der Theorie des Föderalismus beruhen Bundestaat und Staatenbund auf zwei verschiedenartigen Vertragstypen zwischen Staaten- oder Ständevertretern. Wie diese gewählt werden und wem sie rechenschaftspflichtig sind, bleibt im Föderalismus offen. Gegensätzlich sind Föderalismus und Demokratie, sofern »Demokratie« die Herrschaft eines einzigen Volkes bedeutet. Zur Beschreibung des politischen Systems Deutschlands, der Schweiz oder der USA ist oft von Föderalismus und Demokratie im Sinn einer spannungsvollen Vereinigung von Gegensätzen die Rede. Gemäß einem einheitlichen Begriff des Staatsvolkes und der Gleichheit seiner Bürgerinnen und Bürger verstößt der Föderalismus gegen das Prinzip der politischen Gleichheit der Bürgerinnen und Bürger in ein und demselben Demos (vgl. Kap. 3, Frage 3). Andererseits verletzt das Prinzip des einen Volkes das Prinzip der Vielheit der Staatsvölker des Föderalismus.

Demoikratie ist dagegen ein Begriff, der eine Vielheit von Völkern als Stifter der Staatsgewalt vorsieht und auch die Entstehung, Weiterentwicklung oder Aufhebung dieser zusammengesetzten Struktur einem demokratischen Prozess unter Einbindung der Staatsvölker sowie Bürgerinnen und Bürgern anheimstellt. *Die Verbindung der Völker soll über Prozesse gewährleistet werden, die sämtliche institionellen Repräsentationsformen des einzelnen Volkes miteinbezieht.* Wenn davon ausgegangen wird, dass sich ein demokratisches Volk durch die institutionellen Repräsentationsformen des Parlaments, der Exekutive, der Judikative und der Volksabstimmungen manifestiert, bedeutet dies, dass in einer Demoikratie all diese Institutionen in Mitentscheidungs- und Kontrollverfahren des demoikratischen Prozesses eingebunden werden. Die Demoikratie ist ein Gebilde, in dem nationale Parlamente, höchste Gerichte, Regierungen und Volksabstimmungen in gemeinsame Verfahren eingebunden sind und/oder gemeinsame Institutionen bilden. In einer Demoikratie sollen die Parlamente der Mitgliedstaaten Rechtsetzungskompetenzen haben, die sie mit dem übergeordneten Parlament teilen oder die zu dessen Kompetenzen in einem Verhältnis von Checks and Balances stehen. In einer Demoikratie sollen die höchsten Gerichte der Mitgliedsvölker gemeinsame Kompetenzen in Bezug auf die Verfassungsgerichtsbarkeit des demoikratischen Gesamtvertrags haben. In einer Demoikratie haben die Regierungen gemeinsame Kompetenzen in den Rechtsetzungs- und Rechtsdurchsetzungsverfahren. In einer Demoikratie sind Volksabstimmungen zu gemeinsamen Themen und Institutionen aufeinander abgestimmt und verfahrensmäßig miteinander verbunden. Die institutionellen Klammern, welche die Völker verbinden, sind demokratische Prozesse und Verfahren zwischen den demokratiekonstituierenden Institutionen der Mitgliedsvölker. Deshalb ist die Demoikratie nicht mit den herkömmlichen konföderalen Modellen identisch. Deren Institutionen und Verfahren sind nicht zwingend demokratisch strukturiert und auf der Ebene der gemeinsamen Institutionen stark exekutivlastig. Die anderen institutionellen Repräsentationsformen des Volkes werden weitgehend oder vollständig vernachlässigt.

7. Demokratie und Theorien politischer Repräsentation

7.1 Zwei Begriffe politischer Repräsentation

Es gibt die These, dass es sich bei der Demokratie und der politischen Repräsentation um zwei verschiedene Dinge handelt und dass das repräsentative Regierungssystem die zweitbeste Lösung ist, wenn die Demokratie als direkte Herrschaft des Volkes nicht möglich ist. Dass die moderne repräsentative Demokratie nicht die historisch ursprüngliche Form von Demokratie ist, trifft zweifelsfrei zu. Auch ist es richtig, dass Vordenker der modernen repräsentativen Regierungsform wie James Madison und Emmanuel Joseph de Sieyès diese von der Demokratie im strengen Sinn unterschieden haben (Manin 2007). Grundsätzlich ist aber der Begriff der Repräsentation (repräsentieren: vorstellen, darstellen, abbilden, vertreten, sichtbar machen, gegenwärtig machen) zentral für die Demokratie.[19] Dies hat seinen Grund darin, dass das Volk als politische Gemeinschaft ohne bestimmte Form der Repräsentation streng genommen keine Realität hat. Und dies gilt nicht nur für die neuere Form der repräsentativen Demokratie, sondern für die Demokratie im Allgemeinen. So unterscheidet sich eine zufällige Ansammlung von Individuen auf einem Platz von dem auf demselben Platz versammelten und autoritativ entscheidenden politischen Volk (bestehend aus denselben Individuen in derselben Anordnung) nicht durch die Zahl oder personale Identität der an diesem Ort Versammelten, sondern durch die innere und äußere Form der Repräsentation dieser Individuen als politisches Volk. Das Gegenwärtigmachen des Volkes als Volk muss durch einen anerkannten konstitutiven Text, durch anerkannte Symbole oder durch anerkannte Personifizierungen geschehen. Das politische Volk wird erst dadurch gegenwärtig und handlungsfähig, dass es dargestellt wird, dass etwas symbolisch für das Volk steht, dass das Volk nach einem konstitutiven Regelwerk handelt, das alle Teilnehmenden in einer inneren Vorstellung präsent haben und sich aneignen. Grundformen der Repräsentation politischer Kollektive in dieser Bedeutung sind Urkunden, Personifizierungen und Symbole, wie Fahnen, Versammlungsstätten, Gebäude, Denkmäler und dergleichen mehr, wobei entscheidend ist, dass die Mitglieder diese symbolischen Repräsentationsformen in gemeinsamer Absicht als die eigenen anerkennen. Diese erste politische Verwendung des Repräsentationsbegriffs kann zusammenfassend als *Verkörperung durch äußere und gemeinsam beabsichtigte Darstellung* verstanden werden.

In einem zweiten Sinn bedeutet Repräsentation *Handeln an Stelle von*. Die Vertretenen sind in der politischen Bedeutung des Ausdrucks politische Gemeinschaften, gesellschaftliche Verbände und Individuen. In der Demokratie hat dieses Handeln etwa im Gegensatz zu einer rechtlich-treuhänderischen Stellvertretung eine besondere Brisanz. Demokratische Stellvertreter handeln nicht nur an Stelle von anderen, sondern erlassen für diese und sich selbst allgemein verbindliche Gesetze. Die demokratische Repräsentation ist nicht nur eine Vertretung der Bürgerschaft gegenüber Dritten, sondern gegenüber sich selbst. Sie ist rückbezüglich und allgemein bindend. Eine rechtliche oder politische

Repräsentationsinstanz ist folglich eine Vertretungskörperschaft, die für eine oder mehrere politische oder soziale Entitäten steht und an deren Stelle und für diese beratschlagt und verbindlich entscheidet. In der europäischen Tradition liegen die Wurzeln dieser Bedeutung von Repräsentation in der Kirchenlehre und Theologie. Thomas von Aquin zum Beispiel rechtfertigt die Königsherrschaft als Repräsentation des Herrscherhandelns des einen Gottes über die Welt (*Summa Theologiae*, I–II, 105, 1). Die Rechtsfiktion der Person nimmt für die Konstitution der sozialen Kollektive eine zentrale Bedeutung ein, aber mit der Zeit verschiebt sich auch in der Kirche der Repräsentationsanspruch vom Haupt auf eine Versammlung der Glieder der Gemeinschaft. Hier liegen die historischen Wurzeln des modernen demokratischen Repräsentationsbegriffs, und mit der Zeit ergibt sich, begünstigt durch die Reformation, ein erhöhter Legitimitätsanspruch von Vertretungskörperschaften und von deren als allgemein bindend betrachteten Entscheidungen. Dabei geht die Entwicklung von der ständischen Vertretung und Versammlung hin zum modernen Parlamentarismus der universellen Repräsentation des Volkes, wobei die Entwicklung in England für die europäische und transatlantische Tradition am einflussreichsten war (Kluxen 1983). Ihren vorläufigen Höhepunkt erreicht die Entwicklung in der Amerikanischen und Französischen Revolution und deren definitivem Übergang zur repräsentativen Regierung.

In Abwesenheit oder bei Unmöglichkeit der Versammlung einer ganzen politischen Gemeinschaft nimmt die Vertretungskörperschaft auch die erste Bedeutung von Repräsentation in sich auf. Sie übt, wie in der Lehre der »sovereignty of parliament«, der Souveränität des Parlaments, die Funktion der Vergegenwärtigung und Verkörperung der ganzen politischen Gemeinschaft aus. »Parlament« steht in der Doktrin der »sovereignty of parliament« für den König, das Oberhaus und das Unterhaus (»King

[Queen] in Parliament«), gemäß der das Parlament nicht nur stellvertretend und definitiv bindend für das Volk entscheidet, sondern das sonst unsichtbare, amorphe Volk auch zuallererst zu seiner Verkörperung bringt. Abgesehen von dem Zusammengehen von Souveränität und Repräsentation im Moment des »King in Parliament« kommt es in England zu einer institutionellen Differenzierung zwischen den beiden Funktionen der Repräsentation. Im ersten, staatsbildenden Sinn repräsentiert der König die politische Gemeinschaft als Ganzes, und im zweiten Sinn der stellvertretenden Entscheidungsbefugnis entscheidet das Parlament für das Volk. John Locke bringt diese Entwicklung auf den Punkt, wenn er schreibt, dass der König die Einheit der Nation repräsentiert, aber nur das Parlament nach freiem Mandat die Kompetenz hat, an Stelle des Volkes zu entscheiden (Locke 1980: 80–83). Im modernen Republikanismus findet diese Unterscheidung ihr Äquivalent in der institutionellen Differenzierung zwischen dem Präsidenten als Repräsentation des Staates oder der Verfassungsordnung und dem Parlament als stellvertretendem Gesetzgeber.

7.2 Zwei Analyseebenen politischer Repräsentation

Die beiden Hauptbedeutungen von Repräsentation – Verkörperung und stellvertretendes Handeln – lassen sich kollektiv und dyadisch analysieren. Im Fall der kollektiven Repräsentation steht die Frage im Mittelpunkt, inwiefern Vertretungskörperschaften als Ganze (Gemeindeversammlungen, Parlamente, Gerichte, Ministerräte, etc.) und ihre verfahrensbestimmte Interaktion das Volk verkörpern und stellvertretend für das Volk handeln. Im zweiten Fall fokussiert die theoretische Diskussion und empirische Forschung auf die Frage nach der Repräsentationsrelation zwischen repräsentierenden und repräsentierten Individuen und deren Ergebnissen. Die Forschung hat diesbezüglich gezeigt, dass sich die kollektive Repräsentation nicht einfach als Summe der dyadischen begreifen lässt, weil Wahlsysteme und interessenaggregierende Organisationen wie Parteien das dyadische Repräsentationsverhältnis zwischen Abgeordneten und Repräsentierten mitprägen (Weissberg 1978; Mansbridge 2003; Mezey 2008).

7.3 Wahlverfahren und Repräsentation

Die politische Repräsentation in demokratischen Vertretungskörperschaften wird immer von Wahlverfahren und Wahlkreiseinteilungen und entsprechenden systemischen Interaktionseffekten mitgeprägt. Ohne Wahlverfahren gibt es keine institutionelle Form der demokratischen Repräsentation. Jedes Wahlverfahren und jede Wahlkreiseinteilung hat unterschiedliche Auswirkungen auf die Zusammensetzung der Vertretungskörperschaft und folglich auf die Repräsentativität. Grundsätzlich können die Verfahren der Verhältniswahl (VW) von der Mehrheitswahl (MW) unterschieden werden. In der proportionalen Repräsentation werden die Anzahl Sitze einer Partei in einem Rat oder einer Versammlung proportional zu deren Stimmenanteil verteilt. Alternativ kann dies auch anstelle der Partei für jeden Kandidaten einzeln oder durch eine Mischformel geschehen. Beide Varianten bedingen, dass es pro Wahlkreis mehrere Sitze zu verteilen gilt. Bei der MW gilt das umgekehrte Prinzip, pro Wahlkreis gewinnt nur die Person oder Partei mit den meisten Stimmen die Wahl – und alle anderen gehen leer aus.

In der Anwendung gibt es verschiedene Spielarten von VW und MW. VW und MW können auch kombiniert werden, nämlich in Systemen mit einem Gewinner in den Wahlkreisen und einer zusätzlichen proportionalen Verteilung der Sitze über alle Wahlkreise eines Teilstaates oder des Gesamtstaates hinweg. In der Bundesrepublik Deutschland gilt ein solches, äußerst aufwändiges Mischverfahren. Die Mischformen von VW und MW können zu gegenläufigen Anreizsystemen für die Wählenden führen, sofern diese die komplizierte Rechnerei überhaupt durchschauen (Bochsler/Bernauer 2014). Sowohl die VW als auch die MW setzen ein freies Parteiensystem voraus, dem die Funktion der dynamischen Interessenbündelung zukommt. Die Parteien können sich entweder programmatisch und identitätsbasiert bilden und gemäß dem funktionalen Prinzip von Regierung und Opposition in einem Zweiparteiensystem organisiert sein. Im ersten Fall sind VW und MW im Prinzip möglich, wobei die VW dem Prinzip der Differenzierung dieses Systems eher entspricht; im zweiten ist MW adäquat, weil das System darauf ausgerichtet ist, einen klaren Sieger und eine klare Opposition zu bestimmen. Die MW begünstigt die Reproduktion des Zweiparteiensystems und die großen Parteien. Die Vorteile der MW liegen in der Bildung eindeutiger Mehrheiten und der klaren Zurechenbarkeit der Verantwortung zu einer Regierungspartei. Entsprechend haben die Wählenden die Möglichkeit, die politischen Akteure nach den Ergebnissen ihrer Handlungen zu beurteilen. Die politische Verantwortung diffundiert nicht in einer Koalition, die Regierungsparteien können sich nicht hintereinander verstecken, weil nur eine Partei die Regierungsverantwortung hat. MW verhindert die Fragmentierung der Regierenden und vereinfacht das kollektive Handeln. MW ist vorteilhaft für die Effizienz des Regierungshandelns und die Rechenschaftspflicht (*accountability*). Bei der MW ergibt sich die Notwendigkeit zur Bildung einer Koalition eher selten. Das ist insofern ein Vorteil, weil die Zusammensetzung einer Koalition für die Wählenden bei Abgabe ihrer Stimme nicht kontrollierbar und deren Programm nur beschränkt voraussehbar ist. Ein Nachteil der MW liegt in der Verzerrung des Ergebnisses zugunsten eines eindeutigen Resultats. Es ist in der US-amerikanischen Präsidentenwahl sogar möglich, dass ein Kandidat weniger als fünfzig Prozent der Gesamtstimmen auf sich vereinigt, aber gemäß MW die Mehrheit der Wahlbezirke und damit die ganze Regierungsmacht gewinnt. Insgesamt kann die MW die Bildung neuer Parteien und die Versöhnungskultur und Verständigungsbereitschaft der Bürger und Parteien negativ beeinflussen. Entsprechend liegen die Vorteile der VW in der differenzierteren Bündelung unterschiedlicher Interessen in Parlament und Regierung und einem entsprechenden Druck auf die Parteien zur Kompromissbildung und breiteren Abstützung von Entscheiden. VW erleichtert es Minderheiten oder benachteiligten Gruppen, Repräsentationsanteile zu gewinnen. Unter dem Aspekt der deskriptiven Repräsentation (siehe nächster Abschnitt 7.4) ist deutlich nachweisbar, dass VW zum Beispiel zu einem höheren Frauenanteil in Parlamenten führt.[20] Nachteile der VW sind eine stärkere Fragmentierung mit unklaren Mehrheiten und entsprechend höheren Hürden und Bürden des kollektiven Handelns. Auch führt die Koalitionsbildung zu einer geringeren Klarheit der Zurechenbarkeit von Verantwortung für die Gesamtergebnisse des Regierungshandelns.[21]

7.4 Repräsentation als stellvertretendes Handeln

Der Begriff der Repräsentation als Stellvertretung ist unscharf. Stellvertretung beinhaltet die Kompetenz und Autorisierung, für andere zu handeln. Dieses Verständnis führt im Rahmen der Demokratietheorie zu folgenden Fragen:

1. Sollen Stellvertretende nach bindenden Vorgaben entscheiden?

Diese Frage ist im Fall der parlamentarischen Repräsentation zu verneinen, und ein entsprechender Zwang ist in vielen Ländern trotz gegenteiliger Praxis verfassungswidrig. Zur Begründung des Verbots des Stimmzwangs ist es gar nicht notwendig, die zweifelsfrei wichtige Freiheit der Repräsentierenden als Grund anzugeben. Die negative Antwort ergibt sich schon aus der sachlichen Unangemessenheit der Bejahung der Frage. Würden die Repräsentierenden des Volkes bindenden Weisungen folgen, müssten Entscheidungen entweder zuerst im Volk als Ganzem oder in der jeweiligen Gruppe/Partei, die die Stellvertretenden zu vertreten haben, vorentschieden werden. Die erste Möglichkeit würde das repräsentative System obsolet machen. Sie wäre ohnehin zirkulär, weil zuerst im Rat entschieden werden müsste, was dem Volk vorgelegt wird. Die zweite Möglichkeit unterhöhlt das Prinzip der universellen Repräsentation, dem gemäß Parlamentsmitglieder allgemeine Volksvertretende und nicht Befehlsempfänger partikularer Interessengruppen oder von Parteien sind. Die beiden Möglichkeiten bindender Vorgaben für Stellvertretende des Volkes sind demnach zu verwerfen, es sei denn, man wolle das Prinzip der allgemeinen Volksvertretung preisgeben.

In föderativen Staatsgebilden oder auch in den internationalen Beziehungen, die nicht generell dem Prinzip der universellen Repräsentation unterliegen, ist eine Stimmabgabe der Stellvertretenden nach bindenden Vorgaben im Prinzip möglich. Eine Regierung, die ihr Volk in den internationalen Beziehungen vertritt, kann widerspruchsfrei an eine Vorgabe des Parlaments oder des Volkes gebunden werden. In einem föderalen Staatsgebilde könnten Vertreter von Teilstaaten im Prinzip in einem höherstufigen Gremium auch an eine Vorentscheidung in ihrem Teilstaat gebunden werden, wie es Rousseau für die polnische Föderation vorgesehen hat (Rousseau 1964: 428–433; 978). Dies wird heute allerdings in den wenigsten föderalistisch strukturierten Staaten praktiziert. Zum Teil spielen sicher die hohen Transaktionskosten eine Rolle, die bei einem solchen System der Vorwegnahme eines jeden Entscheids in den niederstufigeren politischen Gemeinschaften des föderalen Systems entstehen würden. Es spielt aber auch ein weiterer Grund eine wichtige Rolle. Die Qualität kollektiven Entscheidens hängt stark von der Beratschlagung zwischen den Entscheidenden ab. Unterstehen diese schon von vornherein einer bindenden Weisung, können sie nicht mehr kreativ und zum wechselseitigen Vorteil im Austausch mit anderen Mitgliedern ihres Gremiums nach Lösungen suchen. Der entsprechende Rat verkommt in diesem Fall zu einem reinen Mechanismus des Stimmenzählens und Austauschens von Informationen über bindende Weisungen der Mitglieder. Deliberation ist nicht mehr möglich, streng genommen nicht einmal Verhandlungen, denn auch diese erfordern einen gewissen Entscheidungsspielraum. Deswegen gilt im Bereich der demokratischen Vertretung, dass Repräsentierende frei entscheiden sollen. Damit ist jedoch ein starker Verlust von Handlungsmacht der Delegierenden verbunden, der durch Rechte nachträglicher Kontrolle der Entscheidungen ausgeglichen werden kann (zum Beispiel Referendum, Ratifikation).

2. Falls die Stellvertretenden des Volkes in ihrer Entscheidung frei sind, sollen sie sich an den Interessenbekundungen ihrer Wähler (Responsivität; engl. *responsiveness*) oder an ihrer Einschätzung des allgemeinen öffentlichen Interesses orientieren?

Die Frage ist nicht leicht zu entscheiden, denn Volksvertreter, die wiedergewählt werden wollen, haben ein Interesse, mit ihrem Stimmverhalten ihre Wählerschaft zufriedenzustellen, und in gewisser Weise auch eine Pflicht, Wahlversprechen einzuhalten und nur solche Wahlversprechen abzugeben, die sie voraussichtlich auch einhalten können. Andererseits erfordert aber das Prinzip der universellen Repräsentation, dass Volksvertreter öffentliche Interessen und Güter im Auge behalten und ihre Entscheide entsprechend modifizieren. Vorlagen, in denen allgemeine Interessen den partikularen Interessen nicht widersprechen oder sich Vorteile für alle oder zumindest für alle akzeptable Lösungen abzeichnen, sind diesbezüglich weniger problematisch. Falls aber ein allgemeines Interesse (oder was man dafür hält) einem partikularen Interesse der eigenen Wählerschaft diametral entgegentritt, stellt sich für die Stellvertretenden des Volkes die Frage nach der angemessenen normativen Orientierung. Eine Theorievariante spricht sich für eine rein interessenbasierte Volksvertretung aus. Repräsentative Demokratie wird gemäß diesem Verständnis praktiziert als bestmögliche Bedienung einer Klientel durch Parlamentarier bei gleichzeitiger Negation der Möglichkeit der objektiven Bestimmung eines allgemeinen Interesses. Die Theorie besagt, dass sich aus der Vermittlung von partikularen Interessen im Parlament eine bessere Gemeinwohlorientierung ergibt, als wenn alle Volksvertreter von vornherein und ausschließlich nur ihre eigene Vorstellung vom öffentlichen Interesse im Augen haben. So wie sich im Markt eine optimale Preisbildung aus der Suche nach dem eigenen Vorteil durch alle Marktteilnehmer ergibt, so resultiert im politischen Markt des Parlaments genau dann die optimale Gemeinwohlorientierung, wenn jeder Volksvertreter die Interessen der eigenen Klientel so weit wie möglich einbringt und verteidigt. Es gibt jedoch starke empirische Evidenz, dass es im parlamentarischen System keine unsichtbare Hand gibt, die das Gemeinwohl in Analogie zum Preissystem der Wirtschaft nachbildet. Allerdings verweisen diese Einwände auf wirtschaftliche Nachteile, die einem Land erwachsen, wenn sich im

Parlament partikulare protektionistische Tendenzen zuungunsten des volkswirtschaftlichen Gesamtnutzens durchsetzen (Weale 2007: 140–44). Versteht man unter Gemeinwohl nicht mehr den volkswirtschaftlichen Maximalnutzen, sondern zum Beispiel den Ausgleich zwischen den einflussreichsten Macht- und Interessengruppen zwecks Erhaltung des inneren Friedens, hat die Analogie eine gewisse Plausibilität. Ironischerweise ist die marktliberale Analogie des Gemeinwohls als nicht-beabsichtigte Folge der Verteidigung von Partikularinteressen durch Volksvertreter nur dann einigermaßen schlüssig, wenn das Gemeinwohl nicht als volkswirtschaftlicher Maximalnutzen, sondern, zum Beispiel, als stabile soziale Kohäsion zwischen einflussreichen Interessengruppen verstanden wird. Aber auch für diesen Fall gilt, dass soziale Kohäsion als dem Gemeinwohl dienlich gilt und Volksvertreter die soziale Kohäsion im Auge behalten müssen, womöglich gegen die Partikularinteressen ihrer Klientel. Keine Theorie der universellen Repräsentation kommt darum herum, für die Volksvertreter neben dem Auftrag der Interessenwahrnehmung ihrer Wählerschaft einen Ermessensspielraum zugunsten gemeinwohlorientierter Unabhängigkeit von Partikularinteressen vorzusehen. Da sich dieser Ermessensspielraum dynamisch verändert und nicht objektiv vorherbestimmt werden kann, sollten Volksvertreter stets nach bestem eigenen Wissen und Gewissen entscheiden, wie sie in ihren Entscheidungen das Verhältnis zwischen Interessenvertretung und Gemeinwohlorientierung zu gewichten haben.

3. Warum und gegenüber wem sind die Stellvertretenden des Volkes rechenschaftspflichtig?

Diese Frage scheint sich für die moderne repräsentative Demokratie zu erübrigen, da periodische Wahlen nichts anderes sind als eine institutionalisierte Form der Rechenschaftspflicht gegenüber den Wählern. In allen Institutionen des demokratischen Rechtsstaats ist Rechenschaftspflicht ein zentrales Element. Worin liegt die Begründung der Rechenschaftspflicht, und welche verschiedenen Formen der Rechenschaftspflicht gilt es zu unterscheiden? Der konservative Denker Edmund Burke (1729–1797) zum Beispiel verstand Repräsentation, wie zuvor schon Thomas Hobbes, als Autorisierung zur Verwirklichung bestimmter Zwecke des öffentlichen Interesses. Ein Repräsentant des Volkes sollte deshalb niemals seine unparteiische Meinung, sein mündiges Urteil und aufgeklärtes Gewissen den Meinungen der Wähler opfern (Burke 1993). Sollte man Burke hierin folgen und die Position vertreten, dass Volksvertreter nicht gegenüber der Wählerschaft, sondern nur gegenüber ihrem besten Wissen und Gewissen und den allgemeinen Zielen guten Regierens rechenschaftspflichtig sind? Dies zu unterstellen wäre ein Kategorienfehler, denn die Frage nach den Adressaten der Rechenschaftspflicht ist von der Frage nach den Kriterien guter Begründung zu unterscheiden. Burke verneint nicht explizit, dass Repräsentanten rechenschaftspflichtig sind, sondern nur, dass die Begründung der Inhalte ihres stellvertretenden Handelns nicht einfach die Meinung der Wähler abbilden dürfe. Er kritisiert eine quasi-automatische Reagibilität der Repräsentanten gegenüber launischen Wählermeinungen und Partikularinteressen (*responsiveness*). Davon ist die Rechenschaftspflicht (*accountability*) zu unterscheiden. Repräsentanten sind gegenüber Wählern, für die sie stellvertretend verbindliche Gesetze erlassen, rechenschaftspflichtig. Sie können in ihrer Gesetzgebung von den Meinungen ihrer Wähler abweichen, müssen dies jedoch in Rückgriff auf allgemein akzeptable Werte oder das öffentliche Interesse begründen können.

Diese Begründung muss von den Bürgern auch verstanden werden. An dieser Stelle zeigt sich der tiefere Sinn von Aristoteles' Aussage, dass Bürgersein zwei Fähigkeiten erfordert: zu herrschen und sich beherrschen zu lassen (Aristoteles 1973: 109). Da demokratische Repräsentanten in ihrer Regierungstätigkeit nicht nur das unmittelbare und partikulare Interesse ihrer Wählerschaft abbilden, sondern auch das öffentliche Interesse berücksichtigen sollten, aber letztlich doch von den Bürgern gewählt werden, verlangt das System auch von den Bürgern die Fähigkeit einer Unterscheidung zwischen partikularem und öffentlichem Interesse. Werden Repräsentanten, die von der Responsivität gegenüber dem partikularen Wählerinteresse abweichen, von ihrer Wählerschaft automatisch abgestraft, fehlt in Parlamenten der Spielraum für nachhaltiges Regieren.

Worin jedoch liegt die Begründung dafür, dass die beste Form der Rechenschaftspflicht von stellvertretenden Gesetzgebern und politischen Exekutiven in periodischen Wahlen liegt? US-amerikanische Richter des »Supreme Court« werden auf Lebenszeit gewählt, bleiben aber dem Kongress gegenüber rechenschaftspflichtig, denn sie können im Prinzip von diesem abgewählt werden, wenn sie kein »gutes Verhalten« (»good behaviour«; US-Verfassung, Art. III.1) an den Tag legen. Damit werden US-amerikanische Verfassungsrichter unabhängig vom Druck der partikularen Interessenpolitik, bleiben aber selbst dem Gesetz unterworfen und sind letztlich dem Parlament gegenüber für ihren persönlichen Lebenswandel und eine formal korrekte Amtsführung rechenschaftspflichtig. Welche Gründe gibt es, beim Gesetzgeber und der Exekutive nicht eine sehr viel längere Amtszeit oder gar ein Amt auf Lebenszeit zu gewähren, um die kurzsichtige Bedienung von Partikularinteressen zu verhindern?

Erstens beruht das repräsentative Regierungssystem trotz prinzipieller Gemeinwohlorientierung auf Interessenvermittlung und auf Responsivität gegenüber partikularen Wählerinteressen (Mansbridge 2006). Eine weitgehende Unabhängigkeit der Repräsentanten von der Wählerschaft wäre nur dann vertretbar, wenn das Gemeinwohl ein für allemal objektiv feststehen würde und auch gesichert wäre, dass sich die Repräsentanten danach und nur danach ausrichten. Beide Voraussetzungen sind nicht gegeben. Ohne periodische Wahl gibt es aber kein wirksames Mittel, mit dem die Bürger auf die Inhalte der Amtsführung ihrer Vertreter Einfluss nehmen können. Eine direkte Beeinflussung ist jedoch auch durch periodische Wahlen nicht möglich. Durch die Aussicht auf periodische Wahl müssen die Volksvertreter aber in Antizipation ihrer möglichen Abwahl immerhin versuchen, auf die Anliegen der Bevölkerung einzugehen. Es ist, wie Bernard Manin festhält, diese Antizipation der möglichen Abwahl durch die Repräsentanten, welche die Responsivität und die Gemeinwohlorientierung ihrer Regierungshandlungen noch am ehesten gewährleisten kann. Die Wählenden hingegen bekommen durch die Periodizität der Wahlen die Gelegenheit, die Repräsentanten nach ihren tatsächlichen Handlungen und nicht nur aufgrund von Versprechungen für die Zukunft zu beurteilen (Manin 1996: 228–229). Eine Bedingung dieses Vorgangs ist allerdings die klare Zurechenbarkeit der Verantwortung für das Regierungshandeln. Regierungskoalitionen und generell die proportionale Repräsentation schränken diese ein. *Zweitens* haben gesetzgebende und exekutive Repräsentanten im Gegensatz zu den höchsten Verfassungsrichtern erheblich mehr Macht, weil sie Gesetze, Verordnungen und Politikinitiativen umsetzen und massiv Geld verteilen, also nicht nur die Verfassung auslegen, die zu ändern die höchsten Richter keine Macht haben. Die materielle Kompetenz der gesetzgebenden und exekutiven Repräsentanten erheblich einzuschränken ist nicht unplausibel, nähme aber der Politik ihren Handlungsspielraum. Da es nicht unbeschränkt weitere Möglichkeiten der Machtbeschränkung gibt – auf die direkte Demokratie wird gleich noch eingegangen –, muss die Macht der Repräsentanten durch zeitliche Beschränkung eingegrenzt werden. *Drittens* hat die Periodizität der Wahlen eine nicht zu unterschätzende friedenserhaltende Wirkung. Wenn nämlich das Amt der Gesetzgeber oder Exekutive auf Lebenszeit oder auf eine sehr lange Dauer angesetzt wird, steigert sich die Bedeutung der Wahl dermaßen, dass sie in den Augen der Teilnehmenden auf keinen Fall verloren werden darf, weil mögliche Verlierer kaum noch Aussicht auf eine zukünftige Korrektur haben. Von einer Zustimmung der Verlierer zum Verfahren (*losers' consent*) kann nicht mehr ausgegangen werden, und es wird ein starkes Anreizsystem zur Austragung politischer Konflikte durch Gewalt und Betrug geschaffen (Przeworski 2003).

4. Sollen die Stellvertretenden den Vertretenen äußerlich ähnlich sein (deskriptive Repräsentation)?

Konkreter formuliert bedeutet die Frage, ob Frauen die Frauen, Bauern die Bauern, Friesen die Friesen, etc. vertreten sollten oder ob es in der Demokratie um die inhaltliche Vertretung von Anliegen geht. Im Prinzip ist davon auszugehen, dass Interessenvertretung auch von Menschen gewährleistet werden kann, die viele äußere Eigenschaften der Vertretenen nicht direkt teilen. Es ist nicht nur möglich, sondern sogar wünschbar, dass der Anwalt, der den Serienmörder vor Gericht verteidigt, selbst keiner ist. Die geistige Fähigkeit, sich in die Lage des Anderen zu versetzen, genügt als Bedingung, um jemanden vertreten zu können. Analytisch ist zum Beispiel die Begründung, dass die Interessen der Bauern im Parlament untervertreten sind, nur weil wenig Bauern einen Parlamentssitz haben, nicht zwingend richtig. Ferner ist es unmöglich, dass ein Parlament, in dem zum Beispiel eine Bevölkerung von 80 Millionen durch 600 Abgeordnete vertreten wird, alle möglichen Klassifizierungen der Bürgerschaft nach wichtigen äußeren Eigenschaften abbildet. Ähnlich wie eine Karte, die alle Merkmale einer Landschaft wiedergeben sollte, gleich groß sein müsste wie die Landschaft selbst, kann auch ein Parlament nicht annähernd so groß sein, wie es sein müsste, um der Bedingung der deskriptiven Repräsentation gerecht zu werden. Das Problem der demokratischen Repräsentation ist in dieser Hinsicht sogar noch akzentuierter als dasjenige der reinen Abbildung, weil sich in der Repräsentation zu jeder Person zahlreiche mögliche Klassifikationsmerkmale ergeben, die sich mit anderen multiplizieren. Die deskriptive Repräsentation führt demnach in einen infiniten Regress möglicher Kombinationen von äußeren Eigenschaften. Abgeordnete müssen zwingend Interessen von Menschen wahrnehmen, deren Eigenschaften oder Klassifikationsmerkmale sie nicht teilen. Sie müssen ferner sehr unterschiedliche Interessen filtern und bündeln, was nur beschränkt möglich ist ohne Abwägung und Priorisierung. Die Tätigkeit des Repräsentierens erfordert geistige Fähigkeiten, die sich nicht aus einem objektivierbaren äußeren Merkmal, wie Geschlecht, Beruf, Alter, Konfession, Zivilstand, sexuelle Orientierung, etc. ergeben. Repräsentation lässt sich nicht als mechanische Kraftübertragung modellieren. Demokratische Repräsentation ist zwingend inhaltliche Repräsentation, wobei die Inhalte nicht an dinghaft zu replizierende Äußerlichkeiten gebunden sind. Repräsentation kann demnach nicht in erster Line als deskriptive Repräsentation verstanden werden, gemäß der die Repräsentanten den Repräsentierten äußerlich möglichst ähnlich sein sollten, um deren Anliegen maßstabsgetreu zu vertreten. Repräsentation ist eine kommunikativ vermittelnde Tätigkeit (Pitkin 1967: 60–91).[22]

Trotz dieser guten Gründe, politische Repräsentation als inhaltliche Repräsentation zu verstehen, sind Aussagen, dass Frauen im Parlament untervertreten sind, wenn wenig Frauen einen Abgeordnetensitz haben, und entsprechende Aussagen bezüglich Alter, Beruf, Sprachgruppen, sexueller Orientierung, etc. nicht unplausibel. Es ist zwar nicht prinzipiell unmöglich, aber höchst unwahrscheinlich, dass ein hauptsächlich aus Männern bestehendes Parlament die Anliegen der Frauen richtig kennt und adäquat vertritt. Empirische Studien belegen, dass im Fall der deskriptiven Repräsentation das Vertrauensverhältnis zwischen Repräsentierenden und Repräsentierten besser ist und dass die Anliegen der Repräsentierten konsequenter vertreten werden (Wängnerud 2009; Bratton/Ray 2002; Ulbig 2007). Es gilt deshalb dem realen Zusammenhang zwischen deskriptiver und inhaltlicher Repräsentation Beachtung zu schenken, ohne aus den Augen zu verlieren, dass deskriptive Repräsentation kein Zweck an sich ist, sondern im Dienst der inhaltlichen Repräsentation stehen muss (Philipps 1995). Der Bezug von deskriptiver und inhaltlicher Repräsentation hängt damit zusammen, dass sich Repräsentierende hinsichtlich ihrer eigenen Interessen nicht hinter einem Schleier des Nichtwissens befinden und sich nicht in die Lage aller Repräsentierten versetzen, um ein allseitig akzeptables Urteil zu fällen. Vielmehr haben sie in der Regel eine lebensweltlich eingefärbte Interessenwahrnehmung und eine beschränkte Fähigkeit, sich dazu in ein reflexives Verhältnis zu bringen – und außerdem einen Wählerauftrag, von dem sie nur begrenzt abweichen können. Deskriptive Repräsentation bringt eine gewisse Gewähr, dass sozial relevante Interessen in geringerem Maß diskriminiert werden, und es ist letztlich das Aufeinandertreffen von deskriptiv differenzierten Interessen, das Reflexivität begünstigt (Young 1990).

Die Frage, welche Merkmale relevant sind und deskriptiv repräsentiert werden sollten, ist selbst Gegenstand demokratischer Auseinandersetzung und theoretisch nicht eindeutig zu beantworten. Außerdem stellt sich das Problem, dass sich die deskriptiven Merkmale verschiedener Personen überlappen und zu gegenläufigen Interessenansprüchen für ein und dieselbe Person führen können. Die Debatte um deskriptive Repräsentation spitzt sich oft noch zu, nämlich durch Ansprüche garantierter kollektiver oder quotenbasierter Vertretung von relevanten deskriptiven Kriterien wie Gender, ethnische Zugehörigkeit, Hautfarbe, Sprache, Religion, etc. Es ist aber unmöglich, alle deskriptiven Repräsentationsansprüche in einer Vertretungskörperschaft durch Quoten abzubilden. Das Problem der deskriptiven Repräsentation kann nicht durch eine mathematische Formel gelöst werden. Eine demokratische Gesellschaft ist deshalb darauf angewiesen, durch Verständigungsbereitschaft in der deskriptiven Repräsentation Prioritäten zu setzen und Ausgleich zu schaffen. Je nach historischem Kontext kann dies durchaus zu breit akzeptierten Formen garantierter kollektiver Repräsentation führen. Dafür gibt es zwei strukturelle Möglichkeiten. Erstens kann einer Gruppe politische Selbstverwaltung und eine kollektive politische Repräsentation auf der höheren Ebene einer föderalistischen politischen Union gewährt werden, wie zum Beispiel den indigenen Völkern. Dies ist eine Repräsentationsform, die Individualrechte und universelle Repräsentation respektiert (Kymlicka 1996). Zweitens können für Gruppen gemäß deskriptiven Merkmalen in Vertretungskörperschaften Quoten gebildet werden. Die Begründung dafür ist allerdings alles andere als einfach und keine direkte Folge einer Privilegierung des Konzepts deskriptiver Repräsentation. Vielmehr ergibt sie sich bei verschiedenen Autorinnen aus einem Monitoring der Resultate von Repräsentation unter Berücksichtigung von begründeten Anliegen und strukturellen Merkmalen der Unterdrückung (Boshammer 2003). Grundsätzlich fußt dieser Ansatz auf der Voraussetzung einer radikal heterogenen Gesellschaft und einer empirisch informierten Analyse der Rolle von Gruppen und ihrer politischen Bedeutung angesichts verschiedener Formen der Unterdrückung durch Gewalt, Marginalisierung, Machtlosigkeit, kulturellen Imperialismus und Ausbeutung (Young 2000).

7.5 Direkte (sachunmittelbare) und repräsentative Demokratie

Die auf allgemeinen und freien Direktwahlen beruhende Regierungsform durch Repräsentierende wird repräsentative Demokratie genannt. Wo Bürger aufgrund von Referenden (der Möglichkeit, eine Parlaments- oder Regierungsentscheidung zur Volksabstimmung zu bringen) und Initiativen (durch Unterschriften von Bürgern eingebrachte Vorschläge für Verfassungs- oder Gesetzesänderungen) direkt über Sachfragen abstimmen, ist von direkter oder sachunmittelbarer Demokratie die Rede (Neumann 2009; Schiller 2002; Kirchgässner et al. 1999; Christmann 2012). Wo beide Systeme durch Institutionen und Verfahren miteinander verbunden sind, wird die Bezeichnung halbdirekte oder hybride Demokratie verwendet. Die entscheidenden Merkmale der Unterscheidung zwischen direkter und repräsentativer Demokratie beziehen sich auf das Verständnis der Volkssouveränität und die Legitimität der Ausübung von Gesetzgebung und Regierungstätigkeit. In der strikten Lehre der Volkssouveränität wird die Möglichkeit der Repräsentation in Bezug auf Akte der Souveränität negiert. Die versammelten Bürger selbst verkörpern das Volk, und stellvertretendes Handeln für die versammelte Bürgerschaft ist, was die Ausübung der Souveränität betrifft, nicht legitim. Akte der Souveränität sind gemäß Jean-Jacques Rousseau, der diese Lehre prominent vertritt, die alle gleichermaßen bindende Verfassungs- und Gesetzgebung, nicht aber exekutive und administrative Mandate, die eine Anwendung des allgemeinen Gesetzes auf den Einzelfall bedeuten (Rousseau, *Gesellschaftsvertrag* III, xii-xiv).

Auch in der Theorie der direkten Demokratie als Staatsform der Volkssouveränität ist es grundsätzlich undenkbar, dass das Volk nicht regelbasiert handelt. Das souveräne Volk ist eine Konvention, eine institutionelle Tatsache, die es ohne konstitutive, gemeinsam akzeptierte Regeln nicht gibt (Rousseau, *Gesellschaftsvertrag*, I, v). Folgerichtig wird das Volk auch bei Jean-Jacques Rousseau durch Grundgesetze (*lois fondamentales*) konstituiert und handlungsfähig. Das Volk existiert und handelt als Souverän nur insofern, als es in den Grundgesetzen repräsentiert ist. Demokratie und Recht konstituieren sich notwendigerweise wechselseitig. Umstritten ist »nur« das inhaltliche Verhältnis der Elemente dieses »Zweikomponentenleims« Demokratie und Recht.

Rousseau hält die Delegation der Gesetzgebung nicht für möglich, weil sich der kollektive Wille der versammelten Bürgerschaft nicht delegieren lässt, ohne dass er ein anderer und partikularer Wille wird (Rousseau, *Gesellschaftsvertrag*, III, xv). Es widerspricht aber dem Begriff der Souveränität, der bei Rousseau vorsieht, dass sich das Volk als Souverän auflösen kann (Rousseau, *Gesellschaftsvertrag*, I, vii), wenn dem Volk verboten wird, die Gesetzgebung oder deren Vorbereitung an eine Vertretung delegieren zu wollen. Das Volk gibt die Souveränität nicht preis, wenn es frei entscheidet, Gesetzgebung teilweise oder ganz zu delegieren, und diese Entscheidung wieder rückgängig machen kann. Dasselbe gilt, wenn sich das Volk das Recht vorbehält, gewisse Regeln durch Initiativen selbst zu setzen oder die von den Repräsentierenden gemachten Gesetze überprüfen und ablehnen zu können. Gemäß Philip Pettit müssen die demokratischen Verfahren insgesamt eine an die Bürger zurückgebundene »Such- und Identifizierfunktion« von neuen Gesetzen und eine »Überprüfungs- und Rückweisungsfunktion« von stellvertretend beschlossenen Gesetzen beinhalten (Pettit 1997; 2012). Permanent mögliche und institutionell gewährleistete Bürgerpartizipation im Hervorbringen und Überprüfen der Gesetze ist ein notwendiges Erfordernis der Volkssouveränität (Pettit 1997: 277). Ein generelles Verbot von überprüfter und widerrufbarer Repräsentation hingegen ist kein unbedingtes Erfordernis der Demokratie. Pettit benutzt zur Veranschaulichung dieser Bedingung die Metapher der Zeitungsredaktion. Die Such- und Identifikationsfunktion von neuen Gesetzen wird erfüllt, wenn Bürger als die Autoren oder Herausgeber der Gesetze und Politikentscheide verstanden werden können. Diese Rollen nehmen sie nur teilweise wahr, wenn sie in kompetitiven Wahlen politischen Programmen und ihren Verfechtern vor anderen den Vorzug geben. Neben den formalen und inhaltlichen Problemen des Wahlvorgangs, der Repräsentation im Allgemeinen und auch des Mehrheitsprinzips entsteht durch die Wahl von Repräsentierenden ein Kontrollproblem bei der konkreten Umsetzung des Wahlprogramms, da die Verfasserschaft konkreter Gesetze und Politikentscheide letztlich an Autoren außerhalb der »Redaktion« delegiert wird. Dies gilt auch, wenn Wahlen periodisch abgehalten werden, weil stets nur die allgemeinen Programme gewählt werden und Koalitionen und deren Programme für die Bürger nicht vorhersehbar sind. Deshalb müssen die Bürger auch während der Gesetzgebung editorische oder redaktionelle Rechte innehaben, indem sie konkrete Gesetze und Politikentscheide überprüfen und anfechten können (Pettit 1997: 187–200).

Über Pettits unverbindliche Vorschläge hinaus stellt sich die Frage nach der wirkungsvollen institutionellen Umsetzung der Verfasser- und Herausgeberrolle der Bürger in Gesetzgebung und Politikgestaltung. Damit von Verfasserschaft und Kontrolle adäquat die Rede sein kann, bedarf es direktdemokratischer Instrumente mit bindender Wirkung. Dabei ist aber den in dieser

Einführung bereits behandelten formalen und inhaltlichen Einschränkungen, die Wahlen und Abstimmungen generell begleiten, sowie den rechtsstaatlichen Ansprüchen der Demokratie Rechnung zu tragen (Cheneval 2007: 650f.). Zudem ist auch bei Rousseau die Gesetzesanwendung auf den Einzelfall aus analytischen Gründen nicht dem Souverän überlassen. Der Volkssouverän kann gemäß dem Prinzip der Erhaltung der Freiheit durch ihre allseitige Veräußerung im Gesellschaftsvertrag nur allgemein bindende Handlungen vornehmen. Alles weitere Regierungshandeln muss an Mandatsträger delegiert werden, die an die Gesetze gebunden sind, diese aber auf den Einzelfall anwenden müssen und dazu autorisiert sind. Dabei stehen sie aber unter Rechenschaftspflicht und Kontrolle durch Abwählbarkeit. Die Volkssouveränität impliziert somit notwendig Gewaltenteilung. Das heißt insgesamt, dass die direktdemokratischen Instrumente eingebunden sein müssen in Repräsentation, Rechtsstaatlichkeit, Grundrechtsgarantien, Gewaltenteilung und eine kritische Öffentlichkeit. Jedes Element ergänzt andere Elemente und korrigiert deren Nachteile, ohne selbst die Demokratie vollkommen und vollständig zu verwirklichen und ohne selbst frei von Schwierigkeiten zu sein. Die repräsentative Demokratie ist zwar nicht die historisch ursprüngliche Form, und das stellvertretende Handeln von Repräsentierenden ist nicht begrifflich notwendig für Demokratie, aber das Volk kann, wenn es die Umstände erfordern, die Verfasserschaft von Verfassungs- und Gesetzgebung delegieren. Es hat in dem Fall aber die Kompetenz, Verfahren zur Rücknahme dieser Delegation und zur Ablehnung oder Modifizierung der Entscheide zu schaffen. Noch einmal anders formuliert bedeutet dies, dass es nicht unbedingt direktdemokratische Instrumente geben muss; wenn es sie aber nicht gibt, sollte dies einem in einem allgemein partizipativen Verfahren bekundeten Willen der Bürgerinnen und Bürger entsprechen. Das Prinzip, dass in der Demokratie alle Gewalt vom Volk ausgeht, muss sich in einem abrufbaren Verfahren niederschlagen, das die Entscheidung über die Form der Verfassungs- und Gesetzgebung zur Disposition der Bürger stellt.

Gegen die direkte oder halbdirekte Demokratie lassen sich sechs Einwände formulieren, deren genauere Analyse und weitere empirische Untersuchung das Verständnis der Demokratie insgesamt vertiefen. *Erstens* haben Repräsentierende einen Informationsvorsprung. Sie sind deshalb besser dazu in der Lage, sachlich adäquate Entscheide zu fällen, und sie tun dies unter Antizipation ihrer drohenden Abwahl im Sinn ihrer Wählerschaft. Eine Ausübung der Gesetzgebung durch Repräsentierende ist deshalb nicht nur möglich, sondern erwünscht. Unter ökonomischem Gesichtspunkt spart repräsentative Demokratie den Bürgern Informationskosten (Feld/Kirchgässner 2000). *Zweitens* funktioniert direkte Demokratie nur in kleinen, überschaubaren Gemeinschaften, sie ist für moderne Nationalstaaten ungeeignet. *Drittens* führt direkte Demokratie zu unverhältnismäßigem Einfluss von mächtigen Interessengruppen und Geld. *Viertens* favorisiert direkte Demokratie expressives Wahlverhalten und Populismus. *Fünftens* verletzt direkte Demokratie das Prinzip der allgemeinen Rechenschaftspflicht, weil das Volk niemandem gegenüber rechenschaftspflichtig ist und für seine Handlungen und Entscheide nicht zur Verantwortung gezogen werden kann. *Sechstens* wirkt sich die erhöhte Mehrheitskonformität der direkten Demokratie zum Nachteil von Rechten sozialer Minderheiten und von Individualrechten aus.[23]

Zum ersten Einwand: Hinsichtlich der Behauptung, dass Repräsentierende einen Informationsvorsprung gegenüber den Repräsentierten haben, bedarf es der Klärung, um welche Information es sich handelt. In Bezug auf die möglichen Auswirkungen eines Gesetzes auf die betroffenen Repräsentierten ist der Informationsvorsprung der Repräsentierenden keine Selbstverständlichkeit. Die Menschen kennen die lebensweltlichen Folgen politischer Entscheide unter Umständen besser als die Repräsentierenden. In Bezug auf die Prozeduren und Strategien der Gesetzgebung und in Sachfragen ist der Informationsvorsprung der Repräsentierenden gegenüber den Stimmenden wahrscheinlicher, er nimmt aber bei zunehmender Intensität des Abstimmungskampfes ab (Kriesi 2008). Ist der Informationsvorsprung tatsächlich vorhanden, steht keineswegs fest, dass die Repräsentierenden diesen im Sinn der Repräsentierten umsetzen. Sie können ihn zu ihren eigenen Gunsten nutzen. Deshalb muss der Informationsvorsprung der Repräsentierenden durch entsprechende Anreizsysteme in den Dienst der Wählenden und von öffentlich begründbaren Entscheidungen gestellt werden. Zusätzlich zu periodischen Wahlen, in deren Vorfeld nur allgemeine Programme debattiert und Repräsentierende nur nach vergangenen Handlungen beurteilt werden können, ist das fakultative Referendum ein effizientes Mittel, um den Informationsvorsprung der Repräsentierenden in den Dienst der Repräsentierten zu stellen. Außerdem zwingt es die Repräsentierenden zu intensiver öffentlicher Kommunikation und Deliberation der Gründe ihrer Entscheidungen. Daraus ergibt sich die These eines anzustrebenden Ergänzungsverhältnisses zwischen repräsentativer Demokratie (Informationsvorsprung, kompetente Vorbereitung von Vorlagen) und direktdemokratischen Instrumenten (Kontrolle) (Buchanan 2001). Dieses Ergänzungsverhältnis ist in der Praxis auch dort Realität, wo die direkte Demokratie besonders robust ist. So spricht man im Fall der USA von einem hybriden System und in der Schweiz von der halbdirekten Demokratie (Garret 2005; Linder 2006). In Bezug auf die Kontrolleffizienz des Referendums belegt die Forschung, dass es sich um durch Unterschriften von Repräsentierten ausgelöste (fakultative) oder um obligatorische Referenden handeln muss, damit die erwünschte Kontrollwirkung erfolgt. Von der Regierung nach Gutdünken veranstaltete Referenden, eventuell sogar noch mit nicht-bindender Wirkung (Plebiszite), spielen den Regierenden zusätzliche strategische Instrumente in die Hand und verleihen ihnen mehr Einfluss. Die Auslösungskompetenz der direktdemokratischen Entscheide darf nicht bei den Regierenden selbst liegen, und die Entscheidungen müssen rechtllich bindend sein.

Der zweite Einwand der Unmöglichkeit einer direkten Demokratie in Großstaaten, prominent von Montesquieu in der Anwendung auf England (*Esprit des lois*, Buch XI, Kap. 6) und von James Madison (*Federalist*: 10) vorgetragen, ist weit verbreitet. In der neueren Forschung hat ein einflussreiches Buch mit der These nachhaltige Wirkung erreicht, dass die Qualität der Demokratie mit einer bestimmten Größe der Bevölkerung abnimmt, sei diese repräsentativ oder sachunmittelbar (Dahl/Tufte 1984). Im neuesten Zürcher NCCR-Demokratiebarometer wird zwar keine direkte Korrelation zwischen Staatengröße und Demokratiequalität festgestellt, aber Konsensdemokratien schneiden gemessen an den untersuchten Kriterien generell besser ab als Mehrheitsdemokratien. Konkordanzsysteme, die die typischen Elemente von Konsensdemokratien enthalten, entstehen einfacher in kleinen Staaten (Bochsler/Kriesi 2013: 69–102). Wenn man die Frage der Demokratiequalität nur in den dreißig etablierten Demokratien oder in den 69 Demokratien des NCCR-Demokratiebarometers anschaut, dann wird diese Vorselektion nicht berücksichtigt. Allerdings wird ersichtlich, dass die Demokratisierung sehr großer Länder unwahrscheinlich ist ohne Zerfall in kleinere Einheiten. All dies deutet darauf hin, dass der betreffende Einwand, wenn er überhaupt zutrifft, nicht spezifisch gegen die direkte Demokratie, sondern gegen die übertriebene Größe des Staates gerichtet werden muss. Diese ist für die Demokratie und die Demokratisierung nachteilig. Aber auch diese These lässt keine definitiven Bestimmungen hinsichtlich der erwünschten konkreten Größe eines demokratischen oder direktdemokratischen Landes zu. Zum einen gibt es begriffliche Streitpunkte. Versteht man unter der für die Demokratie relevanten Staatengröße die Mitgliederzahl oder auch die räumliche Ausdehnung bzw. die Streuung der Bevölkerung? Zweitens verschieben sich mit dem Technologiewandel in Transport und Kommunikation dauernd die Variablen, die das Verhältnis von Größe und Demokratie beeinflussen. Deshalb kann es sein, dass ein Staat zu einem früheren Zeitpunkt trotz viel geringerer Bevölkerungszahl viel »größer« war, als er heute ist. Entsprechend könnte die Demokratie in »größeren« Einheiten verwirklicht werden, weil diese gemessen an den Bedingungen der Kommunikation eigentlich gar nicht größer sind. Größe ist kein überzeitlicher Parameter.

Der Standpunkt, dass die Qualität der direkten Demokratie mit zunehmender Größe abnimmt *und* dass dieser Verlust durch repräsentative Demokratie aufgefangen werden kann, beruht insgesamt auf verschiedenen klärungsbedürftigen Annahmen. Zur Begründung des Qualitätsverlusts und der Kompensation werden die Abnahme des Stimmengewichts mit zunehmender Mitgliederzahl sowie die hohen Entscheidungsfindungs- und Informationshürden im kollektiven Handeln großer Gruppen angeführt. Die Hürde des erschwerten kollektiven Handelns und der hohen Informationskosten in großen Gruppen wird in der repräsentativen Demokratie durch eine sehr viel kleinere Vertretungskörperschaft (Parlament) in der Tat kompensiert, aber es entsteht den Stimmberechtigten erhöhter Kontrollverlust, zum einen durch abweichendes Handeln der Repräsentierenden in einzelnen Vorlagen, zum anderen durch das Schnüren von Kompromisspaketen (Besley/Coate 2008). Dieser Kontrollverlust wird durch die Exekutivlastigkeit der immer wichtiger werdenden internationalen Beziehungen noch akzentuiert (Feld/Kirchgässner 2004: 206 f.). Die Abnahme des Stimmengewichts der Bürger mit zunehmender Anzahl wird durch die repräsentative Demokratie nicht kompensiert. Unter dem Strich ergibt sich keine deutliche These gegen direkte Demokratie in großen Staaten im Vergleich zur repräsentativen Demokratie. Direktdemokratische Instrumente sind in der Praxis denn auch nachhaltig in großen Staaten eine Tatsache, allerdings eben nicht in reiner Form, sondern in einem wechselseitigen Kontrollverhältnis zur repräsentativen Demokratie und der Judikative. Der größte Staat mit direkter Demokratie ist Kalifornien mit rund 40 Millionen Einwohnern, rund 23 Millionen Wahlberechtigten und einer Fläche, die mehr als zehn mal so groß ist wie die Schweiz. Insgesamt 27, zum Teil sehr große Bundesstaaten der USA kennen die direkte Demokratie (Waters 2003: 12). Rund siebzig Prozent der US-amerikanischen Bevölkerung leben in einem Staat oder einer Stadt, in denen repräsentative und direkte Demokratie in einem horizontalen und vertikalen Ergänzungsverhältnis stehen (Matsusaka 2008: 1). Die USA und Deutschland kennen im Gegensatz zur Schweiz die direkte Demokratie nur auf der Ebene der Mitgliedsstaaten oder Bundesländer. Der Grund dafür liegt nicht in der Größe, sondern in den unterschiedlichen Verständnissen der Volkssouveränität der Gründer und den sich daraus ergebenden Pfadabhängigkeiten der Verfassungsgeschichten. Die Mehrheit der Gründerväter der USA und der Bundesrepublik Deutschland waren gegen direkte Demokratie, die sie aus historischen Gründen als kurzlebige und gewaltsame Tyrannei der Mehrheit verstanden. Sie konzipierten deshalb ihre Verfassungen so, dass verfassungsgebende Akte des Bundesstaates nicht direktdemokratisch vollzogen werden können. Die moderne Schweiz kannte 1848 schon die Initiative auf Totalrevision der Bundesverfassung, andere direktdemokratische Instrumente wurden auf Bundesebene

1874 eingeführt. Um 1840 gab es in sieben Kantonen eine Landsgemeinde, in sechs eine halbdirekte Demokratie, elf Kantone hingegen hatten eine rein repräsentative Demokratie, wogegen Neuenburg noch eine konstitutionelle Monarchie war. Die heutige Schweiz steht mit der Ausübung der Volkssouveränität durch Verfassungsinitiative und Gesetzesreferendum auf Bundesebene am Ende eines Spektrums. In den USA, Deutschland und der Schweiz sind die direktdemokratischen Elemente aber inkrementell und von den Teilstaaten her in Ergänzung zur repräsentativen Demokratie ausgebaut sowie auf immer größere Einheiten übertragen worden.

Dem dritten Einwand, direkte Demokratie führe zu größerem Einfluss von mächtigen Interessengruppen als die repräsentative Demokratie, widersprechen spieltheoretische und empirische Studien (Buchanan 2001). Die Politikergebnisse der hybriden oder halbdirekten Demokratien kommen den Präferenzen der Mehrheit näher als jene in rein repräsentativen Systemen. Das heißt, sie werden von Partikularinteressen, von *log-rolling* (Stimmentausch unter Repräsentanten) in der Regel weniger verzerrt, wobei es wichtig ist, dass es nicht nur das Referendum, sondern auch die Möglichkeit zur Initiative gibt (Frey 1994; Gerber 1996; 1999; Matsusaka 2005; 2007). In den USA wurden die direktdemokratischen Instrumente denn auch mit der expliziten Absicht der Eindämmung des Einflusses von Interessengruppen auf die Parlamente eingeführt. Allerdings wäre es naiv zu glauben, Volksrechte dämmten mächtige Interessengruppen ein. Landesweite Abstimmungskampagnen sind oft teurer als Lobbyarbeit im Parlament, sodass direktdemokratische Volksrechte sehr kapitalkräftige Interessengruppen begünstigen. Sofern sie nur kapitalkräftig und nicht mitgliederstark sind, haben Interessengruppen aber einen beschränkten Einfluss und eher Erfolg bei der Blockierung neuer Vorlagen durch Referenden als durch Initiativen. Für Erfolge mit Initiativen müssen Interessengruppen vor allem mitgliederstark sein, was Wirtschaftsverbände oft nicht sind (Krousser/McCubbins 2005; Gerber 1999).

Der vierte Einwand, dass direkte Demokratie das expressive und emotionale Stimmverhalten fördere und eher einem Antreiben der eigenen Mannschaft während eines Fußballspiels gleiche als rationalem Entscheiden, ist nicht unbedingt nur negativ zu interpretieren. Expressives Stimmverhalten kann auch moralische Ressourcen mobilisieren (Brennan 2000). In ihrer möglichen negativen Interpretation vernachlässigt die These aber zum einen die kollektiven Deliberations- und Lernprozesse der direkten Demokratie (Smith 2004; Smith/Tolbert 2007; Tolbert 2005), und theoretisch ist es zweitens nicht naheliegend, dass sachunmittelbare Abstimmungen stärker emotionalisiert werden als Wahlen. Da es bei Abstimmungen um Sachfragen geht, ist eine unsachliche Personalisierung weniger angezeigt. Umgekehrt können auch Personenwahlen stark polarisieren und starke Gefühle schüren, nicht zuletzt weil umstrittene Sachfragen bei Personenwahlen ebenfalls eine wichtige Rolle spielen, da sich die zur Wahl stehenden Personen durch ihre politischen Programme profilieren müssen. Dass die direkte Demokratie systemisch mehr dem Populismus zuneigt als die repräsentative, ist nicht erwiesen. Die populistischen Tendenzen in repräsentativen Demokratien mit wenigen oder gar keinen direktdemokratischen Instrumenten sind breit belegt (Mény/Surel 2002).

Der fünfte Einwand, die direkte Demokratie verletze das Prinzip der allgemeinen Rechenschaftspflicht, weil das Volk für seine Handlungen und Entscheide nicht zur Verantwortung gezogen werden kann, trifft bedingt zu. Das Volk kann nicht wie andere politische Akteure als Gesetzgeber abgewählt werden. Als Adressat der Gesetze trägt es aber die Konsequenzen seiner Entscheide. Das Problem ist, dass diese Konsequenzen sich zum

Teil sehr ungleich auf die Bürger verteilen. Dies ist aber kein spezifisches Problem der direkten Demokratie, sondern des kollektiven Handelns insgesamt, sei es direkt oder stellvertretend. Auch die Entscheide von Parlamenten führen zu Konsequenzen, die sich sehr ungleich auf die Bürger verteilen. Der Vorteil der direkten Demokratie ist eine stärkere Eigenverantwortung und Kontrolle der Bürgerschaft im Hinblick auf diese Konsequenzen und ihre Verteilung. *Zweitens* kann das Volk als repräsentiertes durchaus Partei in einem Rechtsstreit sein, es kann deshalb auch juristisch belangt werden, sei es im internationalen oder nationalen Rechtssystem. Bedingung ist hier wiederum die Repräsentation des Volkes durch das Recht und die Einbettung der direkten Demokratie in das Recht in Form des Verfassungsstaates und des internationales Rechts. Gemäß der Idee internationalen Rechts sind die souveränen Völker einander in Grundrechtsfragen und zahlreichen anderen Bereichen rechenschaftspflichtig. Außerdem stellt das zwingende Völkerrecht eine absolute Grenze direktdemokratischer Volkssouveränität dar. *Drittens* trifft es zu, dass die einzelnen Stimmenden für Ihre Entscheide nicht rechenschaftspflichtig sind. Das gilt aber auch für die Wählenden, die in geheimen Wahlen irgendeiner Partei ihre Stimme geben können, ohne dafür »geradestehen« zu müssen. Die fehlende Rechenschaftspflicht der Stimmenden ist ein allgemeines Merkmal der Demokratie, nicht spezifisch eines der direkten Demokratie. Es ist aber sehr fraglich, ob beim Stimmen oder Wählen als Wahrnehmen eines Rechts die Anwendung des Prinzips der Rechenschaftspflicht überhaupt angemessen ist. Entweder hat jemand das Recht, sich so oder anders zu entscheiden und kann dafür dann nicht belangt werden, oder das Recht, sich für bestimmte Optionen zu entscheiden, selbst muss infrage gestellt werden. Das heißt, dass die Demokratie, sei sie nun direkt oder repräsentativ, entweder von einem Recht, sich frei zu entscheiden, ohne weitere Rechenschaftspflicht der Stimmenden ausgehen oder aber vorgängig bestimmte Vorlagen oder Parteien im Namen des Rechts verbieten muss. Wir haben es also erneut mit dem allgemeinen Problem der rechtlichen Verfassung der Demokratie zu tun. Die direkte Demokratie stellt allerdings unter diesem Aspekt dann ein Problem dar, wenn ihre Initiativen überhaupt keiner formalen und inhaltlichen Kontrolle unterliegen. Wo die Grenzen der Vorlagen konkret gezogen werden müssen, ist eine ähnlich umstrittene Frage wie diejenige nach dem rechtlichen Verbot von Parteien in der repräsentativen Demokratie. Anstatt einen spezifischen Einwand gegen die direkte Demokratie darzustellen, verweist die Rechenschaftsproblematik des Volkes eher auf die problematische Zirkularität der Demokratie in der Bestimmung ihres rechtlichen Rahmens. Dieses Problem entschärft sich durch föderale Kompetenzbeschränkungen, horizontale und vertikale Gewaltenteilung im und zwischen den Staatsvölkern und eine pluralistische sowie transnational vernetzte Zivilgesellschaft, kurz: nicht durch das Verbot der direkten Demokratie.

Gemäß dem sechsten Einwand wirkt sich die Mehrheitskonformität der direkten Demokratie nachteilig für die Rechte struktureller Minderheiten und die Grundrechte aus. Im Fall der Schweiz etwa gibt es neuere Studien, die für den Zeitraum ab Mitte des 19. Jahrhunderts eine diskriminierende Wirkung der Volksrechte gegen Frauen, Juden und Katholiken feststellen. Seit 1990 gilt dasselbe Verdikt für Muslime. Mit zunehmender Integration nimmt allerdings die negative Wirkung ab. Die katholische Minderheit Zürichs erhielt 1963 in einer Volksabstimmung die Anerkennung als staatskirchenrechtliche Körperschaft. Sprachminderheiten und Wehrdienstverweigerer werden etwa gleich benachteiligt wie religiöse Minderheiten. Die Schweiz war bekanntlich auch das letzte europäische Land, welches das Frauenstimmrecht einführte (1971), weil dies an der Urne von den Männern immer wieder abgelehnt wurde. Erst ab 1991 konnten die Frauen an der Landsgemeinde von Appenzell Innerrhoden teilnehmen, dem Kanton, der sich 1829 eine der damals progressivsten und demokratischsten Verfassungen weltweit gegeben hatte, die sogar die Einzelinitiative vorsah. Die Ausländer bilden insgesamt in der Schweiz die am meisten diskriminierte Gruppe, Homosexuelle und Behinderte hingegen sind weniger stark benachteiligt. Es macht für die Benachteiligung also einen Unterschied, ob eine Minderheit das Stimmrecht besitzt. Außerdem hängt die Diskriminierung von der Integration der Minderheit ab (Vatter/Danaci 2010; Vatter 2011). Im Fall der USA fällt das Verdikt bezüglich der Benachteiligung struktureller Minderheiten durch direkte Demokratie aufgrund der Verfassungsgerichtsbarkeit des obersten Gerichtshofs nicht nachteilig aus (Heußer 2012).

Insgesamt begründen diese sechs Einwände kein Verbot der direkten Demokratie und sie stellen keine Widerlegung der genannten guten Gründe für direkte Demokratie dar. Die Einwände fördern zum einen allgemeine Probleme der Demokratie zutage, die durch einen Verzicht auf direkte Demokratie weder verschwinden noch geringer werden, sondern durch verschiedene Instrumente des Rechts angegangen werden müssen. Zum zweiten machen die Einwände und die dazu geleistete empirische Forschung deutlich, dass direkte Demokratie in einem Ergänzungsverhältnis zur repräsentativen Demokratie steht und in robuste rechtsstaatliche Bedingungen mit Grundrechts- und Subsidiaritätsgarantien eingebunden sein sollte, ohne dass jedoch eindeutig klar wird, wie weit dies inhaltlich im Einzelnen zu gehen hat. Es lässt sich folgende These formulieren: Werden Bedingungen von rechtsstaatlicher Kontrolle und horizontaler und vertikaler Gewaltenteilung erfüllt, sind gemischte Systeme von direkter und repräsentativer Demokratie vorteilhafter als rein repräsentative.

8. Ökonomische Bedingungen der Demokratie

8.1 Debatten über Gleichheit

Die normative Demokratietheorie orientiert sich am Ideal der Gleichheit aller Mitglieder der politischen Gemeinschaft (Christiano 2008). Das wirft verschiedene Fragen auf. Erstens die Frage nach der Art dieser Gleichheit: Worin sollen sich die Mitglieder der demokratisch regierten Gemeinschaft gleich sein (Sen 1980)? Falls nicht in allen Belangen eine radikale Gleichheit postuliert wird, was in den meisten Demokratietheorien der Fall ist, zieht dies zweitens die Fragen nach den gerechtfertigten Ungleichheiten unter den Mitgliedern einer demokratischen Gesellschaft nach sich (Hinsch 2002). Drittens stellt sich die Frage nach den gerechtfertigten Ungleichheiten zwischen Mitgliedern und Nicht-Mitgliedern und zwischen demokratischen Staaten (Rawls 1999; Benhabib 2004; Nagel 2005).

Gute Gründe und einen signifikant breiten Konsens gibt es für die Gleichheit aller vor dem Gesetz und die formale politische Gleichheit aller Mitglieder einer politischen Gemeinschaft. Letztere umfasst zum einen ein Bündel von moralischen Freiheiten, die als Grundrechte gelten und nicht auf die Mitglieder beschränkt sind, zum Beispiel die Rede- und Versammlungsfreiheit.

Ohne diese gleichen Freiheiten wird das Anliegen der liberalen Demokratie unterhöhlt. Des Weiteren zählen zum Gehalt der Demokratie gleiche politische Mitbestimmungsrechte, die aber nur für Mitglieder des Gesellschaftsvertrags gelten (»ein Mitglied – eine Stimme«; vgl. Kap. 4; vgl. Miller 2000). In der aktuellen Debatte wird eine Position vertreten, die politische Mitbestimmungsrechte von Nicht-Mitgliedern mit Niederlassungsstatus einfordert (Bauböck 2005; 2011; Owen 2010; Celikates 2012; Goppel 2012). Die meisten dieser Theorien stützen sich auf das Unterwerfungsprinzip, wonach andauernde und ganzheitliche Unterwerfung einer erwachsenen Person unter das Gesetz ein Recht auf politische Mitbestimmung an der Gesetzgebung konstituiert. Wenn dieses Prinzip akzeptiert wird, ergibt sich die Frage, ob die Unterwerfungsbedingung von Migrierenden retrospektiv oder prospektiv erfüllt werden muss, um Mitbestimmungsansprüche zu rechtfertigen. Die retrospektive Anwendung für Migrierende folgt der Begründung, dass politische Mitbestimmung nicht im Blindflug erfolgen sollte, sondern nur angemessen ist, wenn Individuen hinreichende Kenntnis der Sprache, politischen Verhältnisse, Institutionen, etc. haben. Weil es unmöglich ist, diese Bedingungen inhaltlich genau festzulegen und diskriminierungsfrei zu prüfen, ist die retrospektive Anwendung einer gleichen zeitlichen Aufenthaltsbedingung die bestmögliche Lösung.

Die prospektive Anwendung des Unterwerfungsprinzips wirft grundlegende Fragen auf. Es ist zum Beispiel schwer vorstellbar, wie vom Staat *ex ante* diskriminierungsfrei geprüft werden kann, wer in Zukunft die Unterwerfungsbedingung erfüllen wird. Um das Problem zu umgehen, müsste doch eine retrospektive Zeitbedingung des Aufenthalts zur Anwendung kommen. Damit es sich immer noch um eine Bedingung prospektiver Niederlassung handelt, wird der erforderliche Aufenthalt dann lediglich nicht als Niederlassung qualifiziert, womit sich eine Lösung ergibt, die sich von der retrospektiven Anwendung bloß durch einen semantischen Trick unterscheidet. Weiter gehen Theorien, die aufgrund des Betroffenheitsprinzips oder einer breiten Auslegung des Unterwerfungsprinzips eine globale politische Mitbestimmung einfordern (vgl. dazu Kap. 4; Goodin 2007; Abizadeh 2008; 2010). Solche Theorien können die Bedingung der kollektiven Handlungsfähigkeit des Staatsvolks bis auf Weiteres nur schwer einlösen und verletzen das Prinzip der politischen Autonomie im Fall eines partikularen Selbstbestimmungswillens unter Wahrung der Grundrechte (vgl. Kap. 3; vgl. Rawls 1999; Altman/Wellman 2009; Cheneval 2011).

8.2 Politische Gleichheit und ökonomische Ungleichheit

Wie groß das für die Demokratie akzeptable Maß ökonomischer Ungleichheit sein kann, ist eine der umstrittensten Fragen der Demokratietheorie. Die Einsicht, dass für die Realisierung politischer Gleichheit nicht nur ökonomische Einflussmöglichkeiten, sondern der diskriminierungsfreie Zugang zu allen für die politische Beratschlagung und Entscheidung wichtigen Grundgütern, internen und externen Ressourcen oder Fähigkeiten eine Rolle spielt, macht die Sache nicht einfacher. Im Folgenden können nicht alle die Verteilungsgerechtigkeit betreffenden Aspekte dieses Problemkomplexes behandelt werden. Im Zentrum sollen die Positionen stehen, die im engeren Sinn das Anliegen der Demokratie, das heißt die Gewährleistung von gleichen politischen Rechten in fairen kollektiven Entscheidungsverfahren, betreffen. Anknüpfungspunkt der folgenden Ausführungen ist die Entscheidung zugunsten eines verfahrensbasierten Begriffs der Demokratie. Wenn dagegen davon ausgegangen würde, dass Demokratie ein fix vorgegebenes Maß an ökonomischer Gleichheit zum Ergebnis haben muss, dann müsste im Fall einer Nichterfüllung dieser Bedingung die Demokratie durch repressive Strukturen ersetzt werden, die das egalitaristische Ergebnis gewährleisten. Das Problem eines solchen Ansatzes ist, dass er die Demokratie unterhöhlt. Die Demokratie muss sich in dieser Entscheidungsfindung an einen Standard ökonomischer Bedingungen halten, der im engeren Sinn die Fairnessbedingungen des Entscheidungsverfahrens betrifft. Daraus ergibt sich die Notwendigkeit eines verfahrensbasierten Standards ökonomischer Fairness. Unter diesem verfahrensbasierten Begriff der Demokratie lautet die spezifisch demokratietheoretische Frage also nicht, ob Demokratie instrumentell einen bestimmten Grad an ökonomischer Gleichheit bewirken soll und welches dieser Grad ist, sondern unter welchen ökonomischen Umständen von einem fairen demokratischen Verfahren und von einer fairen Realisierungschance formal gleicher politischer Rechte ausgegangen werden kann. Es gilt dasjenige Maß an ökonomischer Ungleichheit als akzeptierbar, das die Realisierung gleicher politischer Rechte und die formale Ergebnisoffenheit der Verfahren nicht gefährdet. Welcher Standard an öknomischer Gleichheit durch diese demokratischen Verfahren dann verbindlich festgelegt wird, kann die normative Demokratietheorie nicht präjudizieren. Er kann legitimerweise über dem Maß der ökonomischen Verfahrensfairness liegen, darf aber nicht darunter fallen.

In den sehr unterschiedlichen Theorien dazu gibt es einen Konsens: Obschon der Zusammenhang von ökonomischer Macht (*affluence*) und politischem Einfluss (*influence*) empirisch betrachtet kein direkter ist, kann exzessive ökonomische Ungleichheit die Gewährleistung gleicher politischer Rechte in einem fairen demokratischen Verfahren erheblich unterminieren (Fukuyama et al. 2012). Bei Kant, dessen Theorie der Republik noch nicht einmal beteiligungszentriert im heutigen Sinn ist, stellt die ökonomische Selbständigkeit der Bürger ein konstitutives Element der Republik dar – nebst Freiheit und Rechtsgleichheit (Kant 1983: §46, 432).

Neuere Theorien der »Postdemokratie« unterstellen, dass die demokratischen Verfahren auch in europäischen Ländern durch ökonomische Macht- und Marktkonstellationen einer systemzentrierten Moderne unterminiert werden (Crouch 2008). Es ist in dem Zusammenhang auch von »simulativer Demokratie« und »liberalen Oligarchien« die Rede (Blühdorn 2013: 43). Bereits Dahl (1971) sprach in Bezug auf die real existierenden demokratischen Länder von Polyarchien als einem System, das weder offen autoritär noch im engeren Sinn demokratisch ist. Die zeitdiagnostische Einschätzung eines postdemokratischen Zustandes wird in der empirischen Politikwissenschaft und Sozialpsychologie aber auch infrage gestellt. So halten Stürmer (2011) und Schaal (2010) die Diagnose der Demokratieverdrossenheit und empirischen Unangemessenheit eines emanzipatorischen Demokratiebegriffs für unbegründet. Der Begriff Postdemokratie wird von seinen Verfechtern aber oft in der Schwebe zwischen empirischer Diagnose und normativem Projekt belassen, wodurch eine Immunisierung gegen empirische Kritik aufgebaut wird, jedoch unklar bleibt, mit welcher Methode eine Kritik überhaupt ansetzen müsste und von welchem Standard eigentlich die Rede ist.

Das Problem der ökonomischen Bedinungen der Demokratie kann unter normativem Gesichtspunkt anhand der neueren Debatte um die Eigentümerdemokratie (*property-owning democracy*) erörtert werden (Williamson/O'Neill 2009; 2012; Cheneval/Laszlo 2013). John Rawls versteht darunter das breit gestreute Eigentum an produktivem Vermögen (äußere Ressourcen, Bildungsressourcen) als Erfordernis politischer Gleichheit und Chancengleichheit; dies nicht nur im Gegensatz zu einer »liberalen Oligarchie«, sondern auch zu einem Wohlfahrtsstaat, in dem die Schwächsten mit Mindestzahlungen permanent abgesichert sind, aber keine Aussicht darauf haben, in das Kooperationssystem integriert zu werden, und über signifikant weniger politische Einflussmöglichkeiten verfügen als die Besitzer von produktiven Ressourcen (Rawls 1971: 258–332; 1999: 228–292; 2001, 138–161).

Um das Erfordernis fairer ökonomischer Bedingungen demokratischer Beteiligung einzulösen, gibt es auch Alternativvorschläge zur Eigentümerdemokratie, zum Beispiel die Idee des kollektiven Eigentums von produktivem Kapital unter Marktbedingungen (Miller 1990; Roemer 1996; Roemer 2013; Diskussion von Roemer bei Beckstein 2013). Eine andere Lösung benennt Michael Walzer mit der Idee der Abschottung der politischen Sphäre von öknomischem Einfluss durch eine entsprechende Gesetzgebung über Wahl- und Abstimmungsfinanzierung (Walzer 1983: 129–134; 281–311). George Klosko hingegen hält das Prinzip der Verteilung nach Verdienst gekoppelt mit Chancengleichheit für die Grundlage einer ökonomisch fairen Demokratie (Klosko 2004). Libertäre Theorien, die Freiheit als Abwesenheit von interpersonalem Zwang verstehen, sehen im ungleichen Einfluss auf kollektive Entscheidungen ein grundsätzliches Freiheitsproblem, das nur durch die Zurückdrängung kollektiver Macht und nicht durch die repressive Herstellung von materieller Gleichheit gelöst werden kann. Durch staatlich verordnete Umverteilung wird die Freiheit unzulässig eingeschränkt, und es wird nur eine ineffiziente Umschichtung innerhalb von partikularen Interessen erreicht (Nozick 1974: 149-231). Radikaleren egalitaristischen Theorien hingegen gehen die Rawls'sche Eigentümerdemokratie oder der Marktsozialismus zu wenig weit (Cohen 2008: 116–150). Beide Kritiken, die marxistische und die libertäre, beruhen aber nicht auf prozeduralen demokratietheoretischen Erwägungen, sondern räumen bestimmten ergebnisorientierten Prinzipien einen Vorrang vor demokratischer Verfahrensfairness ein. Rawls hingegen betrachtete seine Gerechtigkeitslehre als normative Demokratietheorie (1971: xviii, 105 ff.; 1999: xi; Daniels 2003: 245). In einer demokratischen Gesellschaft müssen alle Bürgerinnen und Bürger die Möglichkeit haben, ihre eigenen Angelegenheiten zu regeln und unter Bedingungen gegenseitigen Respekts und angemessener Gleichheit an der sozialen Kooperation teilzuhaben (Rawls 1999: xvff.). Die Eigentümerdemokratie soll den Bürgerinnen und Bürgern einen Zustand ökonomischer Selbständigkeit erlauben, damit diese ihre politischen Rechte in angemessener Gleichheit wahrnehmen und gestalterisch am ökonomischen Wertschöpfungsprozess teilnehmen können (Rawls 1999: 245; Rawls 2001: 139–140). Rawls' Maßnahmen starker progressiver Besteuerung von Einkommen und Erbschaft zur Verwirklichung der Eigentümerdemokratie unterscheiden sich allerdings wenig von ähnlichen wohlfahrtsstaatlichen Instrumenten (Rawls 1999: 247).

Die Position von Rawls führt aber zu zwei unterschiedlichen Vorstellungen von Demokratie; einer im engeren Sinn der Gerechtigkeit entsprechenden Theorie der Eigentümerdemokratie und einer weniger anspruchsvollen, liberalen Theorie der Demokratie, die offen ist für Wettbewerb zwischen unterschiedlichen Vorstellungen von Verteilungsgerechtigkeit, welche weniger egalitaristisch, aber auch egalitaristischer sein können als diejenige von Rawls (Waldron 1999; Cohen 2003; Klosko 2004; Reidy 2007). Die verfahrensbasierte Demokratie erlaubt auch, dass kollektivistische ökonomische Systeme eingesetzt werden, wenn eine Mehrheit dies will (Downs 1957). Eine vollständige Abschaffung des Marktes würde aber verfahrenskonstitutive Freiheitsprinzipien der Demokratie verletzen (Rawls 2005: xxxvi, n.3). Der verfahrensbasierte Begriff der Demokratie ermöglicht Demokratie unter Bedingungen von tief greifender Uneinigkeit über Verteilungsgerechtigkeit, ohne dass die eine oder andere Position vom System selbst verunglimpft oder bevorzugt wird. Das demokratische Mehrheitssystem der Gesetzgebung verlangt auch von den Akteuren keine relativistische Position bezüglich Verteilungsgerechtigkeit. Es werden nur alle Positionen bezüglich Verteilungsgerechtigkeit als verfahrensmäßig gleichwertig behandelt. Jeremy Waldron hält fest, dass gerade dieses rechtsstaatlich formale und verteilungsgerechtigkeitsneutrale Mehrheitsverfahren der Gesetzgebung in Europa zu permanentem Rechtsfortschritt und zunehmend distributiven Wohlfahrtsstaatssystemen geführt hat (1999: 155).

Rawls hingegen beharrt darauf, dass ohne Eigentümerdemokratie oder normativ gleichwertige Systeme das Prinzip der gleichen politischen Freiheit verletzt wird, weil eine extrem ungleiche Beeinflussung der kollektiven Entscheide in Kauf genommen wird (Rawls 2001: 46, n.10; 137–138). Ein Streitpunkt ist der Freiheitsbegriff, den Rawls und viele Egalitaristen »positiv« deuten. Das heißt: Unter »fair value of political liberty« wird nicht nur die Abwesenheit von Rechtszwang zu einer bestimmten politischen Meinung verstanden, sondern auch ein bestimmtes Maß an Gleichheit von Ressourcen und Fähigkeiten, um auf Augenhöhe mit allen Mitgliedern der Gemeinschaft politisch Einfluss zu nehmen (Berlin 2002: 166–217; MacCallum 1967; Sen 1988; Sudgen 2004). Da es sich bei den Ressourcen und Fähigkeiten um ein Bündel von verschiedenen Mitteln der Einflussnahme handelt, stellt sich die Frage, ob das Geld mit Recht als das einzige und richtige Maß des politischen Einflusses betrachtet wird. Politischer Einfluss hängt von zahlreichen verschiedenen und zum Teil wechselseitig kompensierbaren Faktoren ab. Dabei kommt es auch stark auf den Gegenstandsbereich der versuchten Einflussnahme an. Bei Fragen der kollektiven Identität und Anerkennung ist der Einfluss des Kapitals tendenziell geringer als bei öknomischen Verteilungsfragen (Banfield 2003; Olson 1971; Becker 1983). Dies sind jedoch keine entscheidenden Argumente gegen Rawls' Position, dass exzessive öknomische Ungleichheit die politische Freiheit gefährde, sondern Hinweise dafür, dass ein Urteil über tatsächliche inakzeptable Ungleichheit von der Lösung komplizierter empirischer Fragen abhängt.

Wird nur auf die internen Bedingungen der demokratischen Verfahrensfairness geachtet, ergeben sich ökonomische Ansprüche, die sowohl von den Forderungen der Egalitaristen wie von den Grundsätzen der Laissez-faire-Theorien abweichen. Gemäß einer Grundbedingung der Demokratie, die auch Rawls mit dem Begriff des »fair value of political liberty« benennt, darf keine Einzelperson oder Gruppe über ökonomische Einflussmöglichkeiten verfügen, die den Ausgang politischer Entscheidungen verfahrensunabhängig bestimmen können. Dieses Prinzip kann allerdings nicht individualistisch verstanden werden. Politisches Handeln ist gemeinsames Handeln. Auch wenn alle Individuen ökonomisch genau gleich gestellt wären, könnten Individuen im kollektiven politischen Handeln Ressourcen zusammenlegen und andere nachhaltig an ökonomischer Macht übertreffen. Auch die strengste ökonomische Gleichheit sichert somit nicht jedem Individuum den gleichen positiven politischen Einfluss. Das Prinzip muss kollektivistisch verstanden werden, politischer Einfluss ist gemeinsamer Einfluss. Das »fair value of political liberty« ist dann gewährleistet, wenn die Gruppe der ökonomisch am schlechtesten Gestellten hinreichend stark ist, dass sie von keiner anderen gesellschaftlichen Gruppe in systematischer Weise politisch fremdbestimmt werden kann. Um ein Defizit an politischer Freiheit und damit ein gravierendes demokratisches Legitimitätsdefizit zu verhindern, muss gewährleistet sein, dass die ökonomisch am schlechtesten Gestellten gemeinsam jederzeit eine kritische

Stärke erreichen können, um effektiv auf politische Prozesse einwirken zu können. Dieses Ziel ist durch Umverteilung von produktivem Kapital (sofern man produktives Kapital überhaupt verteilen kann, weil es nur akteursabhängig produktiv ist) nach individualistisch egalitären Gesichtspunkten nicht zu erreichen. Es muss durch die von Walzer (1983: 129–134, 281–311) vorgeschlagenen gesetzgeberischen Maßnahmen und durch Bereitstellung öffentlicher Güter verfolgt werden (Cheneval 2013: 266 f.). Eigentümerdemokratie im Sinn von Rawls ist deshalb ein Projekt, das mit guten Gründen in den demokratischen Wettbewerb eingebracht werden kann, aber nicht als verfahrensunabhängiger Maßstab demokratischer Legitimität betrachtet werden sollte. Dasselbe gilt für alle anderen konkreten Modelle ökonomischer Ressourcenverteilung, die keine elementaren Menschenrechte missachten.

9. Die Demokratie der »Anderen« oder: Von der beständigen Wiederkehr der Demokratie

Als Reflexionshintergrund für Prognosen hinsichtlich der Chancen der Demokratie in der Zukunft seien hier zum Schluss dieses Bandes ein paar Hinweise zu den Thesen über ihre Entstehung und Entwicklung diskutiert.[24] Im Zusammenhang mit den Ursprüngen und ersten historischen Erscheinungsformen der Demokratie als partizipativer und gewaltenteiliger Regierungsform ist meist überhaupt nicht von anderen Kontinenten als dem europäischen die Rede. Gleichzeitig wird sogar darauf hingewiesen, dass es schwierig sei, diese genuin »westliche« Errungenschaft in einer »nicht-westlichen« Kultur zu verwirklichen.[25] Als Preis der Demokratie wird zum Beispiel die Überwindung afrikanischen »Stammesdenkens« betrachtet.[26] Mit Recht machen manche Experten auf das gefährliche Zusammenspiel von Demokratisierung und Armut in verschiedenen afrikanischen und asiatischen Kontexten aufmerksam (Collier 2009). Diese Analyse folgt aber ökonomischen, nicht im weiteren Sinn kulturellen Kriterien. Nelson Mandelas zu Anfang dieses Bandes zitierte Worte lassen gerade unter dem Gesichtspunkt der Geschichte und Kultur außereuropäische Perspektiven zu oder drängen sie geradezu auf. Es finden sich in der Forschung mehrere Arbeiten, die Mandelas Position für den afrikanischen Kontext differenziert bestätigen (Davidson 1969; Mazrui 1986). Eine neuere Studie kommt zu dem Schluss, dass die sozio-politischen und administrativen Systeme des indigenen Afrika vielerorts und über lange Zeitspannen hinweg beteiligungszentriert, gewaltenteilig und föderal waren. Es gab dort eine Tradition konsensorientierten, deliberativen Regierens und rechtsförmige Verfahren des Schutzes von Freiheit und Eigentum in zahlreichen individuellen und kollektiven Varianten, und es muss gemäß dieser Studie weder behauptet werden, dass dieses System vollkommen gewesen sei, noch dass eine Rückkehr zu diesen Organisationsformen möglich oder wünschbar ist. Aber erstens ist es adäquat zu unterstellen, dass Elemente demokratischen Regierens nicht als Fremdkörper in die afrikanische Tradition importiert werden müssen. Zweitens sollten Demokratisierungsbestrebungen in Afrika diesen traditionalen Elementen partizipativen Entscheidens Aufmerksamkeit schenken und wo immer möglich auf ihnen aufbauen (Kizza 2011).

Ein weiterer Blick in andere Kulturräume führt zu einem ähnlichen Befund. Es war zum Teil der europäische Kolonialismus, der eine beteiligungszentrierte und gewaltenteilige Regierungsform, man möge sie Demokratie oder anders nennen, in außereuropäischen Kontexten zu verschiedenen Zeiten zum Verschwinden gebracht hat. In vielen dieser außereuropäischen Kontexte haben aber auch lokale politische Prozesse demokratische Regierungsformen durch monarchische oder oligarchische ersetzt. Insgesamt ergibt sich das Bild, dass Demokratie nicht völlig neu implementiert werden muss; es müssen bei ihrer Einführung nicht alle traditionalen Denkmuster liquidiert werden. Vielerorts kann eine Rückbesinnung und Auseinandersetzung mit traditionalen Regierungsformen helfen, die Demokratie unter dem Schutt der Zerstörungen wieder auszugraben und neu anzueignen (Sen 1999; Sen 2003). Das ist sicher kein einfaches Unterfangen, und die Diagnose gilt sicher nicht in gleichem Maß für alle Kontexte. Es ist aber erfolgversprechender, eine der jeweiligen Gemeinschaft eigene soziale Praxis zu reaktivieren und neu anzueignen, als eine kulturell völlig fremde Herrschaftsform zu installieren. In diesem Sinn gibt es für die Demokratie mehr Grund zur Hoffnung, als oft unterstellt wird. Wo es entsprechende Traditionen gibt, kann und soll an sie angeknüpft werden.

Auch der Topos von »Athen als Wiege der Demokratie« sollte infrage gestellt werden. Partizipative Regierungsformen mit Rechenschaftssystemen gegenüber Ratsversammlungen und Kontrollgremien, die nicht nur oligarchischer Natur waren, sondern ganze Völker oder bürgerliche Städtegesellschaften umfassten, gehen höchstwahrscheinlich in verschiedenen Kulturkreisen hinter die Zeit des Perikleischen Athen zurück und sind auch außerhalb des europäischen Kontinents aufgetreten. Quellen wie die sogenannten *Amarna*-Briefe, der Bericht des Wenamun und eine in der Nähe von Chios aufgefundene Steininschrift deuten darauf hin, dass das Händlervolk der Phönizier – erklärbar durch eine ökonomisch unabhängige Schicht von seefahrenden Kaufleuten – in manchen Städten bereits im 14. Jh. v. Chr. demokratische Strukturen *ante litteram* entwickelte, die zwar wie später die athenische nur eine sklavenhaltende Schicht von freien männlichen Bürgern betraf (Stockwell 2011). Gemäß neueren Forschungen zur Frühzeit der phönizischen Städteentwicklung war sie aber zeitweise gekennzeichnet durch Wahl der Magistraten, Bürgerversammlungen mit deliberativen Funktionen, Bürgerpartizipation und Mechanismen der Gewaltenteilung. Auch das von der phönizischen Stadt Tyros aus gegründete Karthago wies repräsentative Strukturen mit Senat und einem Repräsentationsgremium der Bürger auf, Tyros selbst wurde zumindest zeitweise von gewählten Magistraten regiert. Die partizipative, repräsentative und gewaltenteilige Regierungsform ist demnach mit hoher Wahrscheinlichkeit älter als bisher angenommen und sie hat zweitens auch geografisch und kulturell verschiedene Ursprünge und Erscheinungsformen. Auf dem indischen Subkontinent deuten Quellen zumindest in Ansätzen und manchen Interpretationsvarianten darauf hin, dass es vor den Zeiten eines fixen Kastensystems und einer absoluten Monarchie (ca. 600 v. Chr. und 200 n. Chr.) eine große Anzahl von Stadtstaaten oder Gemeinden mit beteiligungszentrierten und gewaltenteiligen Herrschaftsformen gegeben hat, oder es kann wenigstens unterstellt werden, dass ein dauernder Kampf zwischen diesen buddhistischen, partizipativen und despotischen Herrschaftsformen und deren Gedankengut stattgefunden hat. Griechische Quellen wie Arrians *Anabasis von Alexander* lassen diese These zu (Muhlberger 2011). Der griechische Historiker Diodorus Siculus (1. Jh. v. Chr.) spricht explizit von demokratischer Regierungsform in indischen Städten der nördlichen Hälfte des Subkontinents (*Historische Bibliothek*, Buch II, 39.4). Sein Zeugnis geht wahrscheinlich auf Megasthenes zurück, der Gesandter des Seleukidenkönigs Seleukos I. Nikator am den Hof des indischen Königs Sandrokottos (Chandragupta Maurya) in Pataliputra war. Die zentralen Begriffe dieser demokratischen Praxis sind gana-sangha und gana-rajya, was so viel heißt wie »Versammlung von Gleichen« und »Regierung von Gleichen« (Thapar 2002: 147). Insbesondere Stellen im Pali-Kanon, der Grammatik (Ashtadhyayi) von Panini (4-5 Jh. v. Chr.), Kautilyas *Arthasastra* zeichnen ein Bild der Existenz von zahlreichen Varianten von *gana sanghas*. In der Stadt Vasali soll es Tausende von Mitgliedern der *ganas* gegeben haben (Muhlberger 2011: 53). Selbstverständlich verschwand diese demokratische Regierungsform in Indien unter der Asche von Despotismus und Kastendenken, und es kann keine kontinuierliche Geschichte und Entwicklung der Demokratie unterstellt werden. Aber ähnliche Brüche und Diskontinuitäten kennzeichnen auch die europäische Tradition, ohne dass man deshalb die antiken Ursprünge der Demokratie verneint. Wichtig ist auch die

Erkenntnis, dass partizipative und gewaltenteilige Regierungsformen tief in der Geschichte des Buddhismus verwurzelt (oder verschüttet) sind und keinen prinzipiellen Fremdkörper in dieser Tradition darstellen, wie auch immer man die jeweiligen realhistorischen Herrschaftsverhältnisse beurteilen mag.

Die Frage, ob es auch einen theoretischen Anknüpfungspunkt für demokratische Ideen in der chinesischen Tradition gibt, ist schwieriger zu beantworten als im Fall des indischen Subkontinents. Positive Befunde, die sich auf die in die Zeit der Zhou-Rebellen (1122 v. Chr.) zurückgehende Lehre des Himmelsmandats (*tianming*) stützen (Schrecker 2004), verstehen Demokratie in der Regel als Herrschaft für das Volk, also nicht beteiligungs- sondern ergebniszentriert, was zur Ununterscheidbarkeit von Demokratie, Oligarchie und Monarchie führt. Herrschaft für das Volk, also die Herstellung von sogenannter Output-Legitimität, ist ein Kriterium, das auch nicht-demokratische Ordnungen erfüllen können. Andere Theorien zu den Ursprüngen demokratischen Denkens in China orientieren sich an den von Mencius weiterentwickelten Thesen, dass das Volk das Fundament des Gemeinwesens ist. Demokratie als Herrschaft des Volkes ist in dieser Hinsicht als legitime Rebellion oder gerechtfertigter Umsturz einer das Himmelsmandat verletzenden Regierung zu verstehen. Theorien einer Delegation der Regierungsgewalt vom Volk an die Herrschenden und eines Rechts des Volkes auf Umsturz sollten nicht mit Theorien beteiligungszentrierter und gewaltenteiliger Regierungsverfahren gleichgesetzt werden. Ebenfalls nur bedingt näher kommt man spezifisch demokratischem, sprich beteiligungszentriertem und gewaltenteiligem Gedankengut mit dem Begriff *Datong* (große Einheit, eine Welt, große Harmonie). Durch die Betonung von öknomischem Ausgleich, Zugang zu Bildung und Kultur sowie Mitverantwortung an der Regierung werden kommunitaristische Bedingungen des Zusammenlebens und gemeinsamen Handelns in den Vordergrund gerückt (Keating 2011: 63). Die Gemeinschaft wird als moralische Gemeinschaft gedacht. Eine meritokratisch ausgewählte Beamtenschaft sollte mittels loyaler Kritik der Kontrolle einer despotischen Regierungsgewalt dienen. Das Fehlen von rechtsförmig verbindlichen, beteiligungszentrierten Formen der Regierung und Regierungskontrolle in der konfuzianischen Lehre sollte aber berücksichtigt werden und stellt sowohl einen Grund für die Dysfunktionen des Systems als auch einen wesentlichen Unterschied zur Demokratie im spezifischen Sinn der Regierung *des* Volkes dar (Keating 2011: 65). Insgesamt sind gemäß dem heutigen Stand der Forschung in der chinesischen Tradition Theorieelemente kommunitaristischer Selbstregierung auf lokaler Ebene und ein Verständnis des Volkes als Legitimationsquelle und Adressat guter Regierung auszumachen. Theorien einer rechtsförmigen Ausübung der Entscheidungsgewalt durch allgemeine Wahlen oder direkte Kompetenzen von Volksversammlungen als Regierung des Volkes hingegen sind schwer nachzuweisen.

Die Überlegungen zu außereuropäischen Formen partizipativen Regierens können noch radikalisiert werden, wenn wir ein weiteres Phänomen in den Blick nehmen. Denn es lassen sich nicht nur in verschiedenen kulturellen Praktiken Ansätze beteiligungszentrierter und gewaltenteiliger Herrschaft ausmachen, sondern in einigen Fällen scheint es sogar angebracht, von einer Beeinflussung der Demokratiegeschichte im Westen durch außereuropäische Traditionslinien auszugehen. Das bekannteste Beispiel ist die konsensdemokratische und föderalistische Regierungsform der nordamerikanischen Irokesenvölker, die in der politischen Theorie der amerikanischen Gründerväter, insbesondere bei John Adams, Thomas Jefferson und Benjamin Franklin, diskutiert wird (für eine Übersicht vgl. Wagner 2004: 222–244). In der neueren Forschung wird sogar eine sogenannte Einflussthese debattiert, gemäß der die irokesische Demokratieform bei der Ausarbeitung der föderalistischen Verfassung der USA direkt Pate gestanden habe (Wilson 1974; Grinde 1992; Johansen 1982; 1998). Zu dieser Einflussthese gibt es skeptische Gegenstimmen (Tooker 1990; Rakove 2005), aber auch eine Vielzahl von Indizien eines regen geistigen Austauschs zwischen der politischen Lehre der Irokesen und den amerikanischen Verfassungsvätern. Besonders Benjamin Franklin und sein *Albany Plan* einer föderalen Union der 13 Kolonien liefern zumindest für die USA einen erhärteten Indizienbeweis (Wagner 2004: 30–32, 242–244). Für Thomas Jefferson war der Bund der Irokesen als Verfassung von kleinräumigen, sich selbst regierenden Verbänden ein Vorbild der Demokratie. Er hielt ihn allerdings für unvereinbar mit dem großen modernen Nationalstaat. Weder in England noch im Rest des damaligen Europa gab es eine dem Irokesenbund ähnliche Verbindung von Föderalismus, Demokratie und Frauenrechten. Die basisdemokratische Institution des *Caucus*, also der direkten Wahl der Kandidierenden der Parteien durch eine Mitgliederversammlung, ist die heute noch sichtbarste Spur indigener Demokratie im US-amerikanischen System. »Caucus« ist ein Wort aus der Algonquinsprache und bedeutet »Ratgeber«. Franklin stellte in einem Brief aus dem Jahr 1750 (oder 1751) an James Parker ironisch fest: »Es müsste eine ziemlich eigenartige Sache sein, wenn sechs Nationen unwissender Wilder fähig sein sollten, den Entwurf für eine Union auszuarbeiten und ihn auch zu verwirklichen ... und dass eine solche Union zu bilden für zehn oder ein Dutzend englischer Kolonien nicht möglich sein sollte.« (Übersetzung Lippuner 1999: 10) John Adams (1851: 296) rät in seiner Schrift *Defence of the Constitution* den an der Verfassung arbeitenden Delegierten, das Regierungssystem der Indianer zu untersuchen. In einer formellen Erklärung anerkannte der US-amerikanische Kongress im Jahre 1988 die Einflüsse der irokesischen

Konföderation auf die Verfassung der Vereinigten Staaten von Amerika.[27]

Der Irokesenbund bestand ursprünglich aus fünf und später aus sechs Nationen, denen je eine gewählte Klanmutter vorstand. Jede Klanmutter schickte in Absprache mit den Frauen des Stamms eine bestimmte Anzahl Abgeordnete in die Ratsversammlung der Irokesen (Renner/Kruse 2004; Snow 1994; Fenton 1998). Unabhängig von der These einer direkten Beeinflussung der föderalistischen Verfassung der USA durch die Irokesen kann jedenfalls festgehalten werden, dass zeitgenössische Polittheoretiker – es sind mit Jefferson und Franklin nicht die geringsten – den Irokesen ein hohes Maß an kluger, föderalistisch organisierter Selbstregierung zubilligten. US-amerikanische Frauenrechtlerinnen der ersten Stunde beriefen sich explizit auf indianische Praxis (Roesch/Wagner 1992), und im Europa der Aufklärung diskutierte zum Beispiel der Philosoph Johann Gottfried Herder das System der Irokesen (Herder 1795).

Was besagen diese historischen Beispiele? Wir sehen, dass eine Gesellschaft kein neoklassisches Parlamentsgebäude aus dem 19. Jahrhundert, keinen Philhellenismus und auch keine direkte geistige Verwandtschaft mit dem antiken Griechenland braucht, um demokratische Regierungsformen zu verwirklichen. Partizipative, deliberative und gewaltenteilige Entscheidungsprozesse sind in verschiedenen Traditionen, die durch innere Zersetzungsprozesse oder die Besetzung durch autoritäre Mächte zerstört wurden, eine uralte Praxis und setzen sich immer wieder durch. Historisch jedenfalls lässt sich ein beständiges Erscheinen, Zerfallen und Wiederkehren der Demokratie in den unterschiedlichsten kulturellen Kontexten feststellen. Zivilisatorischer Fortschritt ist in dieser Geschichte demokratischen Regierens weniger in den seit Jahrtausenden auftretenden partizipativen Beratschlagungs- und Entscheidungsverfahren selbst auszumachen als im

Status und den Rechten, die partizipativ regierte Gemeinschaften anderen Gemeinschaften und Nicht-Mitgliedern zugestehen.

Anhang

Anmerkungen

1 Diese Grundannahme wird sowohl in der aggregativen als auch in der deliberativen Theorie der Demokratie vorausgesetzt. Vgl. Kap. 3; Buchanan/Tullock 1962: 46–47; Gutman 1993.

2 Vgl. Spinoza, Tractatus politicus, VII, § 7.

3 »imperium democraticum hoc praecipuum habeat, quod eius virtus multo magis in pace quam in bello valet.« (Spinoza, Tractatus politicus, VII, § 5)

4 http://www.freedomhouse.org (zuletzt abgerufen am 12.01.2014).

5 Zur umstrittenen Diskussion um Descartes' Politikverständnis vgl. Quentin Taylor, Descartes's Paradoxical Politics, in: Humanitas XIV, Heft 2, 2001, S. 76–103; Pierre Guenancia, Descartes et l'ordre politique : critique cartésienne des fondements de la politique, Paris 2012.

6 »Lasst alles einig sein. – Ich sage nein. Ich sage Veto, ich zerreiße den Reichstag. Man schreite nicht weiter! Aufgehoben, null ist alles, was beschlossen ward! Die Mehrheit? Was ist die Mehrheit? Mehrheit ist der Unsinn; Verstand ist stets bei Wen'gen nur gewesen. Bekümmert sich ums Ganze, wer nichts hat? Hat der Bettler eine Freiheit, eine Wahl? Er muss dem Mächtigen, der ihn bezahlt, um Brot und Stiefel seine Stimm' verkaufen. Man soll die Stimmen wägen und nicht zählen; Der Staat muss untergehen, früh oder spät, Wo Mehrheit siegt und Unverstand entscheidet.«

7 Jürgen Habermas, Die Einbeziehung des Anderen. Studien zur Politischen Theorie, Frankfurt am Main 1996, S. 285–286. Habermas hat seine Position ständig ausdifferenziert, vom fundamentalen Gegensatz zwischen Deliberation (Gemeinwohlorientierung) und reinem Interessenausgleich ist er aber nie abgewichen. Allerdings kann hier exegetischen Fragen zu Habermas nicht Genüge getan werden, es geht um die Identifikation einer systematischen Position.

8 Jane J. Mansbridge et al., Norms of Deliberation. An Inductive Study, in: Journal of Public Deliberation 2, Heft 1, 2006, S. 1–47. Inter-

essenartikulationen als legitime Vorstufe betrachten Joshua Cohen/ Joel Rogers, Power and Reason, in: A. Fung/E.O. Wright (Hg.), Deepening Democracy. Experiments in Participatory Democracy, London 2003, S. 237–55; Archon Fung, Survey Article. Recipes for Public Spheres. Eight Institutional Design Choices and Their Consequences, in: Journal of Political Philosophy 11, Heft 3, 2003, S. 338–67. Diese Autoren anerkennen die Rolle von Eigeninteresse in der Deliberation, halten sie aber für keine hinreichende Begründung. Dagegen spricht, dass, wenn alle möglicherweise Betroffenen dasselbe Interesse an einer Maßnahme haben, dies als hinreichende Begründung dieser Maßnahme gelten kann.

9 Aristoteles, Politik, München 1973, 1294b 6-10, S. 149. Vgl. Herodot, Die Bücher der Geschichte, Stuttgart 2011, III, 80.6, S. 104.

10 In der englischsprachigen Literatur wird das Wahlgeheimnis deshalb *Australian Ballot* genannt.

11 Den klassischen Beweis für eine ungerade Anzahl von Stimmenden führte Kenneth O. May, A Set of Independent Necessary and Sufficient Conditions for Simple Majority Decisions, in: Econometrica 20, Heft 4, 1952, S. 680–84.

12 Für die hier erläuterte Widerlegung des physikalistischen Verständnisses der Mehrheitsregel vgl. Jeremy Waldron, The Dignity of Legislation, Cambridge 1999, S. 124–166.

13 Siehe Abschnitt 3.2. Vgl. Carol C. Gould, Globalizing Democracy and Human Rights, Cambridge 2004.

14 In den Worten von Ivor Jennings: »Das Volk kann nicht entscheiden, bevor jemand entscheidet, wer das Volk ist.« [Übers. Cheneval] (Jennings 1956: 56)

15 »Necesse est omnes suam auctoritatem praestare ut quod omnes similiter tangit ab omnibus comprobetur.« (Codex Justinianus, V, 59, 5, 2)

16 Der folgende Abschnitt ist eine bearbeitete Version von Cheneval 2011.

17 Dieser Abschnitt ist eine überarbeitete Fassung von Francis Cheneval, Demoikratie. Demokratie der Demokratien, in: Hanspeter Kriesi/ Lars Müller (Hg.), Herausforderung Demokratie, Zürich 2013, S. 492–96.

18 Siehe Eurostat: http://appsso.eurostat.ec.europa.eu/nui/submitViewTableAction.do

19 Für einen neueren, sehr nützlichen Überblick vgl. Alexander Kuehne, Repräsentation enträtselt oder immer noch »the Puzzle of Representation«? Entwicklungen und Lehren aus unterschiedlichen Forschungsstrategien, in: Zeitschrift für Parlamentsfragen 3, 2013, S. 459–85.

20 Für einen breiten Überblick zu diesem Phänomen vgl. Richard E. Matland/Donley T. Studlar, The Contagion of Women Candidates in Single-Member District and Proportional Representation Electoral Systems. Canada and Norway, in: The Journal of Politics 58, Heft 3, 1996, S. 707–33.

21 Für weitere Analysen vgl. Dieter Nohlen, Wahlrecht und Parteiensystem. Zur Theorie und Empirie der Wahlsysteme, Leverkusen 2013.

22 Für eine Konzeptualisierung der deskriptiven Repräsentation vgl. Hanna F. Pitkin, The Concept of Representation, United States 1967, S. 60–91.

23 Für einen Literaturüberblick vgl. Linda Maduz, Direct Democracy, in: Living Reviews in Democracy 2, 2010, http://www.livingreviews.org/lrd-2010-1.

24 Für eine Beurteilung der Zukunftschancen der Demokratie vgl. Vorländer 2010; Höffe 2009.

25 Diese Passagen sind eine erweiterete Fassung von Cheneval 2012.

26 »Die Demokratie kann in Afrika erst dann eine Chance haben, wenn die Afrikaner ihr Stammesdenken überwunden und gelernt haben, sich zu ihren Staaten zu bekennen.« (Grubbe: 1966), in: *Die Zeit* vom 21.1.1966, S. 26. Für eine neuere Analyse vgl. Erdmann 2001.

27 Senate of the United States (1988): H.Con.Res. 331.

Literatur

Abizadeh, Arash, Democratic Legitimacy and State Coercion. A Reply to David Miller, in: Political Theory 38, Heft 1, 2010, S. 121–30.

–, Democratic Theory and Border Coercion. No Right to Unilaterally Control Your Own Borders, in: Political Theory 36, Heft 1, 2008, S. 37–65.

–, Does Liberal Democracy Presuppose a Cultural Nation? Four Arguments, in: American Political Science Review 96, Heft 3, 2002, S. 495–510.

Adams, John, Works of John Adams. Band 4, in: Admans, Charles F. (Hg.), Boston 1851.

Altman, Andrew/Wellman, Christopher H., A Liberal Theory of International Justice, Oxford 2009.

Anderson, Christopher/Blais, André/Bowler, Shaun/Donovan, Todd/Listhaug, Ola, Losers' Consent. Elections and Democratic Legitimacy, Oxford 2007.

Anderson, Elizabeth, The Epistemology of Democracy, in: Episteme. A Journal of Social Epistemology 3, Heft 1, 2006, S. 8–22.

–, What Is the Point of Equality?, in: Ethics 109, Heft 2, 1999, S. 287–337.

Archibugi, Daniele, The Global Commonwealth of Citizens Toward Cosmopolitan Democracy, Princeton 2008.

Arendt, Hannah, Über die Revolution, München 2011.

Aristoteles, Politik, München 1973.

Arneson, Richard, Equality and Equality of Opportunity for Welfare, in: Pojman, Louis/Westmoreland, Robert (Hg.), Equality. Selected Readings, New York 1997.

–, Defending the Purely Instrumental Account of Democratic Legitimacy, in: Journal of Political Philosophy 11, Heft 1, 2003, S. 122–32.

Arrhenius, Gustaf, The Boundary Problem in Democratic Theory, in: Democracy Unbound. Basic Explorations I. Filosofiska Institutionen, Stockholms Universitet 2005, S. 14–29.

Arrow, Kenneth J., A Difficulty in the Concept of Social Welfare, in: The Journal of Political Economy 58, Heft 4, 1950, S. 328–46.

Bachrach, Peter, Interest, Participation and Democratic Theory, in: Pennock, J. R./Chapman, J. W. (Hg.), Participation in Politics. Nomos XVI, New York 1974, S. 39–55.

Bächtiger, André/Spörndli, Markus/Steenbergen, Marco/Steiner, Jürg, The Deliberative Dimensions of Legislatures, in: Acta Politica, Heft 40, 2005, S. 225–38.

Banfield, Edward C., Political Influence, New Brunswick 2003.

Barnett, Anthony, The Athenian Option. Radical Reform for the House of Lords, Charlottesville 2008.

Barry, Brian, Political Argument, London 2011.

Bartling, Björn/Fehr, Ernst/Herz, Holger, The Intrisic Value of Decision Rights, in: Econometrica 82/6, 2014, S. 2005–39.

Bauböck, Rainer, Temporary Migrants, Partial Citizenship and Hypermigration, in: Critical Review of International Social and Political Philosophy 14, Heft 5, S. 665–93.

Baumann, Holger, Reconsidering Relational Autonomy. Personal Autonomy for Socially Embedded and Temporally Extended Selves, in: Analyse & Kritik, Heft 30, 2008, S. 445–68.

Becker, Gary S., A Theory of Competition Among Pressure Groups for Political Influence, in: The Quaterly Journal of Economics 98, Heft 3, 1983, S. 371–400.

Beckstein, Martin J., Comment on John E. Roemer, in: Analyse & Kritik 35, Heft 1, 2013, S. 65–69.

Benhabib, Seyla, The Rights of Others. Aliens, Residents and Citizens, Cambridge 2004.

Berg, Sven, Condorcet's Jury Theorem, Dependency Among Jurors, in: Social Choice and Welfare 10, No. 1, 1993, S. 87–95.

Berlin, Isaiah, Two Concepts of Liberty, in: Hardy, Henry (Hg.), Liberty, Oxford 2002, S. 166–217.

Bernauer, Thomas/Jahn, Detlef/Hyde Kuhn, Patrick/Walter, Stefanie, Einführung in die Politikwissenschaft, Baden-Baden 2013.

Besley, Timothy/Coate, Stephen, Issue Unbundling via Citizens' Initiatives, in: Quarterly Journal of Political Science 3, Heft 4, 2008, S. 379–97.

Bessette, Joseph M., Deliberative Democracy. The Majority Principle in Republican Government, in: How Democratic Is the Constitution?, Goldwin, Robert A./Schabra, William A. (Hg.), Washington 1980, S. 102–16.

Blühdorn, Ingolfur, Simulative Demokratie. Neue Politik nach der postdemokratischen Wende, Berlin 2013.

Bochsler, Daniel/Bernauer, Julian, Strategic Incentives in Unconventional Electoral Systems. Introduction to the Special Issue, in: Representation 50, Heft 1, 2014, S. 1–12.

Bochsler, Daniel/Kriesi, Hanspeter, Varieties of Democracy, in: Kriesi, Hanspeter/Lavenex, Sandra/Esser, Frank/Matthes, Jörg/Bühlmann, Marc/Bochsler, Daniel (Hg.), Democracy in the Age of Globalization and Mediatization, S. 69–102, Basingstoke 2013.

Bohman, James, Democracy across Borders. From Dêmos to Dêmoi, Cambridge 2007.

Bohman, James/Regh, William (Hg.), Deliberative Democracy. Essays on Reason and Politics, Cambridge 1997.

Borries, Achim von, Anarchismus. Theorie, Kritik, Utopie, Nettersheim 2007.

Boshammer, Susanne, Gruppen, Rechte, Gerechtigkeit. Die moralische Begründung der Rechte von Minderheiten, Berlin 2003.

Bratton, Kathleen A./Ray, Leonard P., Descriptive Representation, Policy Outcomes, and Municipal Day-Care Coverage in Norway, in: American Journal of Political Science 46, Heft 2, 2002, S. 428–37.

Brennan, Geoffrey, Democratic Devices and Desires. Theories of Institutional Design, Oxford 2000.

Brennan, Geoffrey/Pettit, Philip, Unveiling the Vote, in: British Journal of Political Science 20, Heft 3, 1990, S. 311–33.

Brighouse, Harry/Fleurbaey, Marc, Democracy and Proportionality, in: Journal of Political Philosophy 18, Heft 2, 2010, S. 137–55.

Brown, David S., Democracy and Human Capital Formation. Education Spending in Latin America, 1980 to 1997, in: Comparative Political Studies 37, Heft 7, 2004, S. 842–64.

Brüggemann, Michael/Hepp, Andreas/Kleinen-von Königslöw, Katharina/Wessler, Hartmut, Transnationale Öffentlichkeit in Europa. Forschungsstand und Perspektiven, in: Publizistik 54, Heft 3, 2009, S. 391–414.

Buchanan, Allen/Moore, Margaret, States, Nations and Borders. The Ethics of Making Boundaries, Cambridge 2003.

Buchanan, James M., Direct Democracy, Classical Liberalism, and Constitutional Strategy, in: Kyklos 54, Heft 2–3, 2001, S. 235–42.

Buchanan, James M./Tullock, Gordon, The Calculus of Consent. Logical Foundations of Constitutional Democracy, Ann Arbor 1962/1996.

Buchstein, Hubertus, Geheime Abstimmung und Demokratiebewegung. Die Politischen Ziele der Reformbewegung für das ›Australian Ballot‹ in den USA, in: Politische Vierteljahresschrift 41, Heft 1, 2000, S. 48–75.

—, Demokratie und Lotterie: Das Los als politisches Entscheidungsinstrument von der Antike bis zur EU, Bd. 70: Theorie und Gesellschaft, Frankfurt am Main 2009.

Burke, Edmund, Reflections on the Revolution in France, Oxford 1993.

Cederman, L.-E./Gleditsch, K. S./Hug, S., Elections and Ethnic Civil War, in: Comparative Political Studies 46, Heft 3, 2012, S. 387–417.

Celikates, Robin, Demokratische Inklusion. Wahlrecht oder Bürgerschaft?, in: Cassee, Andreas/Goppel, Anna (Hg.), Migration und Ethik, Münster 2012, S. 292–305.

Chambers, Simone, Reasonable Democracy. Jürgen Habermas and the Politics of Discourse, Ithaca 1996.

Chen, Qiwei, Confucianism, Democracy and Humanism, in: Cam, Philip/Cha, In-suk/Tamtha, Mark (Hg.), Philosophy and Democracy in Asia, Seoul 1997, S. 26–38.

Cheneval, Francis, Caminante, no hay camino, se hace camino al andar. EU Citizenship, Direct Democracy and Treaty Ratification, in: European Law Journal 13, Heft 5, 2007, S. 647–63.

—, Demoikratie. Demokratie der Demokratien, in: Kriesi, Hanspeter/Müller, Lars (Hg.), Herausforderung Demokratie, Zürich 2013, S. 492–96.

—, Multilateral Democracy. The »Original Position«, in: Journal of Social Philosophy 39, Heft 1, 2008, S. 42–61.

—, Philosophie in weltbürgerlicher Bedeutung. Über die Entstehung und die philosophischen Grundlagen des supranationalen und kosmopolitischen Denkens der Moderne, Basel 2002.
—, Property-Owning Democracy and the Circumstances of Politics, in: Analyse & Kritik 35, Heft 1, 2013, S. 255–69.
—, The Government of the Peoples. On The Idea and Principles of Multilateral Democracy, New York 2011.
—, The People in Deliberative Democracy, in: Besson, Samantha/Martí, José L. (Hg.), Deliberative Democracy and Its Discontents, Aldershot 2006, S. 159–79.
—, Von der beständigen Wiederkehr der Demokratie, in: Ziegler, Béatrice/Wälti, Nicole (Hg.), Wahlprobleme der Demokratie, Zürich 2012, S. 1–14.
Cheneval, Francis/Laszlo, Christoph (Hg.), Property-Owning Democracy, Bd. 35/2: Analyse & Kritik, Stuttgart 2013.
Christiano, Thomas, The Constitution of Equality. Democratic Authority and Its Limits, Oxford 2008.
Christman, John P., The Politics of Persons. Individual Autonomy and Socio-Historical Selves, Cambridge 2011.
Christmann, Anna, Die Grenzen direkter Demokratie. Volksentscheide im Spannungsverhältnis von Demokratie und Rechtsstaat. Bd. 2: Politik und Demokratie in den kleineren Ländern Europas. Politics and Governance in the Smaller European Democracies, Baden-Baden 2012.
Coakley, J., Approaches to the Resolution of Ethnic Conflict. The Strategy of Non-Territorial Autonomy, in: International Political Science Review 15, Heft 3, 1994, S. 297–314.
Cohen, Gerald A., On the Currency of Egalitarian Justice, in: Ethics 99, Heft 4, 1989, S. 906–44.
—, The Basic Structure Objection, in: Ders. (Hg.), Rescuing Justice and Equality, Cambridge MA 2008, S. 116–50.
Cohen, Joshua, An Epistemic Conception of Democracy, in: Ethics 97, Heft 1, 1986, S. 26–38.
—, Is There a Right to Democracy?, in: Sypnowich, Christine (Hg.), The Egalitarian Conscience. Essays in Honour of G. A. Cohen, New York 2006, S. 226–48.

Cohen, Joshua/Rogers, Joel, Power and Reason, in: Fung, Archon/Wright, E.O. (Hg.), Deepening Democracy. Experiments in Participatory Democracy, London 2003, S. 237-55.

Collier, David L., Democracy with Adjectives. Conceptual Innovation in Comparative Research, in: World Politics 49, Heft 3, 1997, S. 430–50.

Collier, Paul, Wars, Guns, and Votes. Democracy in Dangerous Places, New York 2010.

Condorcet, Jean-Antoine-Nicolas de Caritat, Marquis de, Essai sur l'application de l'analyse à la probabilité des décisions rendues à la pluralité des voix, Paris 1785.

Congar, Yves, Quod omnes tangit ab omnibus tractari et approbari debet, in: Revue Historique de droit français et étranger 36, 1958, S. 210–59.

Croissant, Aurel/Peter, Thiery, Defekte Demokratie, in: Lauth, Hans-Joachim/Pickel, Gert/Welzel, Christian (Hg.), Demokratiemessung. Konzepte und Befunde im internationalen Vergleich, Wiesbaden 2000, S. 89-111.

—, Von defekten und anderen Demokratien, in: WeltTrends 29, 2000, S. 9–32.

Crouch, Colin, Postdemokratie, Frankfurt am Main 2008.

Dahl, Robert, Procedural Democracy, in: Laslett, Peter/Fishkin, James (Hg.), Philosophy, Politics & Society, Oxford 1979, S. 97–133.

—, After the Revolution? Authority in a Good Society, New York 1970.

—, Can International Organizations Be Democratic? A Skeptic View, in: Shapiro, Ian/Hacker-Cordón, Casiano (Hg.), Democracy's Edges, London 1999, S. 19-36.

—, Democracy and Its Critics, New Haven 1989.

—, Polyarchy. Participation and Opposition, New Haven 1971.

Dahl, Robert A./Tufte, Edward R., Size and Democracy, Stanford 1984.

Delannoi, Gil, Sortition, Theory and Practice, Exeter 2010.

Des Forges, Roger V., Democracy in Chinese History, in: Ders./Ning, Luo/Wu, Yen-bo (Hg.), Chinese Democracy and the Crisis of 1989. Chinese and American Reflections, New York 1993, S. 21–52.

Descartes, René, Discours de la méthode, übersetzt und herausgegeben von Lüder Gäbe, Hamburg 1960.

Diodorus Siculus, Historische Bibliothek, online: http://penelope.uchicago.edu/Thayer/E/Roman/Texts/Diodorus_Siculus/2B*.html [zuletzt abgerufen am 22.5.2013].

Doorenspleet, Renske, Democratization, Bd. 2: International Encyclopedia of the Social Sciences, Detroit 2008, S. 288–90.

Doorenspleet, Renske/Kopecký, Petr, Against the Odds. Deviant Cases of Democratization, in: Democratization 15, Heft 4, 2008, S. 697–713.

Dowlen, Oliver, The Political Potential of Sortition. A Study of the Random Selection of Citizens for Public Office (Luck of the Draw: Sortition and Public Policy), Exeter 2008.

Downs, Anthony, An Economic Theory of Democracy, New York 1957.

Doyle, Michael W., Three Pillars of the Liberal Peace, in: American Political Science Review 99, Heft 3, 2005, S. 463–66.

–, Ways of War and Peace. Realism, Liberalism, and Socialism, New York 1997.

Dworkin, Ronald, What Is Equality? II. Equality of Resources, in: Philosophy & Public Affairs 10, 1981, S. 283–345.

–, Law's Empire, Oxford 1998.

Elster, Jon (Hg.), Deliberative Democracy. Cambridge Studies in the Theory of Democracy, Cambridge UK 1998.

–, The Market and the Forum. Three Varieties of Political Theory, in: Elster, Jon/Hylland, Aanund (Hg.), Foundations of Social Choice Theory, Cambridge 1986, S. 103–32.

Erdmann, Gero, Demokratisierung und Demokraten in Afrika – Zwischenbilanz nach einem Dezennium, in: Hofmeier, Rolf/Jakobeit, Cord (Hg.), Afrika Jahrbuch 2000, Opladen 2001, S. 36–47.

Estlund, David, Beyond Fairness and Deliberation. The Epistemic Dimension of Democratic Authority, in: Bohman, James/Rehg, William (Hg.), Deliberative Democracy, Cambridge MA 1997, S. 173–204.

–, Making Truth Safe for Democracy, in: Copp, David/Hampton, Jean/Roemer, John (Hg.), The Idea of Democracy, New York 1993, S. 71–100.

Fehr, Ernst/Fischbacher, Urs, Why Social Preferences Matter – The Impact of Non-Selfish Motives on Competition, Cooperation and Incentives, in: The Economic Journal 112, Heft 478, 2002, C1–33.

Feld, Lars P./Kirchgässner, Gebhard, Direct Democracy, Political Culture, and the Outcome of Economic Policy. A Report on the Swiss Ex-

perience, in: European Journal of Political Economy 16, Heft 2, 2000, S. 287–306.
–, The Role of Direct Democracy in the European Union, in: Blankart, Charles/Mueller, C. Denis (Hg.), A Constitution for the European Union, Cambridge 2004, S. 203–36.
Fenton, William N., The Great Law and the Longhouse. A Political History of the Iroquois Confederacy, Norman 1998.
Foerster, Rolf H., Europa. Geschichte einer politischen Idee. Mit einer Bibliographie von 182 Einigungsplänen aus den Jahren 1306 bis 1945, München 1967.
Forester, John, The Deliberative Practitioner. Encouraging Participatory Planning Processes, Cambridge 1999.
Forst, Rainer, Das Recht auf Rechtfertigung. Elemente einer konstruktivistischen Theorie der Gerechtigkeit, Frankfurt am Main 2005.
Franck, Thomas M., The Emerging Right to Democratic Governance, in: The American Journal of International Law 86, Heft 1, 1992, S. 41–91.
Frey, Bruno S., Direct Democracy. Politico-Economic Lessons from Swiss Experience, in: American Economic Review 84, Heft 2, 1994, S. 338–42.
Fröschl, Thomas (Hg.), Föderationsmodelle und Unionsstrukturen. Über Staatenverbindungen in der frühen Neuzeit vom 15. zum 18. Jahrhundert, München 1994.
Fukuyama, Francis/Diamond, Larry/Plattner, Marc F., Poverty, Inequality, and Democracy, Baltimore 2012.
Fung, Archon, Survey Article. Recipes for Public Spheres. Eight Institutional Design Choices and Their Consequences, in: Journal of Political Philosophy 11, Heft 3, 2003, S. 338–67.
Garrett, Elizabeth, Hybrid Democracy, in: George Washington Law Review 73, 2005, S. 1096–1130.
Gaus, Daniel, Der Sinn der Demokratie. Die Diskurstheorie der Demokratie und die Debatte über die Legitimität der EU, Frankfurt am Main 2009.
Gaus, Gerald, On Seeking the Truth (Whatever That Is) through Democracy. Estlund's Case for the Qualified Epistemic Claim, in: Ethics 121, Heft 2, 2011, S. 270–300.

Geddes, Barbara, What Do We Know about Democratization after Twenty Years?, in: Annual Review of Political Science 1999, Heft 2, 1999, S. 115–44.
Gerber, Elisabeth R., Legislative Response to the Threat of Popular Initiatives, in: American Journal of Political Science 40, Heft 1, 1996, S. 99–128.
—, The Populist Paradox. Interest Group Influence and the Promise of Direct Legislation, Princeton 1999.
Gerring, John/Thacker C., Strom/Alfaro, Rodrigo, Democracy and Human Development, in: The Journal of Politics 74, Heft 1, 2012, S. 1–17.
Goodin, Robert E., Democratic Deliberation Within, in: Philosophy & Public Affairs 29, Heft 1, 2000, S. 81–109.
—, Enfranchising All Affected Interests, and Its Alternatives, in: Philosophy & Public Affairs 35, 2007, S. 40–68.
Goppel, Anna, Wahlrecht für Ausländer?, in: Cassee, Andreas/Goppel, Anna (Hg.), Migration und Ethik, Münster 2012, S. 255–74.
Gould, Carol C., Globalizing Democracy and Human Rights, Cambridge 2004.
Griffin, Christopher G., Democracy as a Non-Instrumentally Just Procedure, in: Journal of Political Philosophy 11, Heft 1, 2003, S. 111–21.
Grinde, Donald, Iroquois Political Theory and the Roots of American Democracy, in: Exiled in the Land of the Free. Democracy, Indian Nations, and the U. S. Constitution, in: Lyons, Oren/Mohawk, John (Hg.), Santa Fe NM 1992, S. 227–80.
Guenancia, Pierre, Descartes et l'ordre politique. Critique cartésienne des fondements de la politique, Paris 2012.
Gutman, Amy, Democracy, in: A Companion to Contemporary Political Philosophy, Oxford1993, S. 411–21.
—, Why Deliberative Democracy?, Princeton 2004, S. 133–138.
Habermas, Jürgen, Ach, Europa, Frankfurt am Main 2008.
—, Die Einbeziehung des Anderen. Studien zur politischen Theorie, Frankfurt am Main 1996.
—, Faktizität und Geltung. Beiträge zur Diskurstheorie des Rechts und des demokratischen Rechtsstaats, Frankfurt am Main 1992.
—, Strukturwandel der Öffentlichkeit. Untersuchungen zu einer Kategorie der bürgerlichen Gesellschaft. Mit einem Vorwort zur Neuauflage 1990, Frankfurt am Main 2004.

–, Theorie des kommunikativen Handelns 2, Frankfurt am Main 1995.
–, Zeit der Übergänge, Frankfurt am Main 2001.
–, Zur Verfassung Europas. Ein Essay, Berlin 2011.
Hägele, Günter/Pukelsheim, Friedrich, Das Königswahlsystem der Concordantia Catholica, in: Bayerische Akademie Der Wissenschaften, Mathematisch-Naturwissenschaftliche Klasse, Sitzungsberichte, 2004, S. 1–47.
–, Llull's Writings on Electoral Systems, in: Studia Lulliana 41, 2001, S. 3–38.
Hagan, Joe D., Domestic Political Structure and War-Proneness, in: Meshon International Studies Review 38, 1994, S. 183–207.
Haggard, Stephan, Pathways from the Periphery. The Politics of Growth in the Newly Industrializing Countries, Cornell Studies in Political Economy, Ithaca NY 1990.
Hamilton, Alexander/Madison, James/Jay, John, The Federalist, Hackett 2005.
Hart, Herbert L.A., The Concept of Law, Oxford 1961.
Held, David, Democracy and the Global Order. From the Modern State to Cosmopolitan Governance, Cambridge 1995.
Heußer, Hermann K., Minorities and Direct Democracy in the USA. Direct Legislation Concerning Minorities and Instruments of Minority Protection, in: Marxer, Wilfried (Hg.), Direct Democracy and Minorities, Wiesbaden 2012, S. 123–44.
Hinsch, Wilfried, Gerechtfertigte Ungleichheit. Grundsätze sozialer Gerechtigkeit, Berlin 2002.
Hodge, Jonathan K., The Mathematics of Voting and Elections. A Hands-on Approach, Band 22: Mathematical World, Providence 2005.
Höffe, Otfried, Demokratie im Zeitalter der Globalisierung, München 1999.
–, Ist die Demokratie zukunftsfähig?, München 2009.
Howse, Robert/Nicolaïdis, Kalypso, Democracy without Sovereignty. The Global Vocation of Political Ethics, in: Broude, Tond/Shany, Yuval (Hg.), The Shifting Allocation of Authority in International Law. Considering Sovereignty, Supremacy and Subsidiarity, Bloomsbury 2008, S. 163–91.
Huntington, Samuel P., How Countries Democratize, in: Political Science Quarterly 106, Heft 4, 1992, S. 579–616.

—, Political Order in Changing Societies, New Haven 2006.
Jacobs, Dirk/Swyngedouw, Marc, Territorial and Non-Territorial Federalism in Belgium. Reform of the Brussels Capital Region, 2001, in: Regional & Federal Studies 13, Heft 2, 2003, S. 127–39.
Jaggers, Keith/Gurr, R. Ted, Tracking Democracy's Third Wave with the Polity III Data, in: Journal of Peace Research 32, Heft 4, 1995, S. 469–82.
Jay, Christopher, Keeping Truth Safe from Democracy, in: Public Reason 1, Heft 2, 2009, S. 31–44.
Johansen, Bruce E. (Hg.), Debating Democracy. Native American Legacy of Freedom, Santa Fe NM 1998.
—, Forgotten Founders: How the American Indian Helped Shape Democracy, Ipswich MA 1982.
Kant, Immanuel, Zum ewigen Frieden. Ein philosophischer Entwurf, Hamburg 1992.
—, Metaphysik der Sitten. Rechtslehre, Darmstadt 1983.
Kavka, Gregory S., Why Even Morally Perfect People Would Need Government, in: Social Philosophy and Policy 1, Winter 1995, 1995, S. 1–18.
Keating, Pauline, Digging for Democracy in China, in: Isakhan, Benjamin/Stockwell, Stephen (Hg.), The Secret History of Democracy, New York 2011, S. 60–78.
Kelly, Jamie T., Framing Democracy. A Behavioral Approach to Democratic Theory, Princeton 2012.
Kersting, Wolfgang, Die politische Philosophie des Gesellschaftsvertrags. Darmstadt 1994.
—, Die Vertragsidee des Contrat social und die Tradition des neuzeitlichen Kontraktualismus, in: Brandt, Reinhard/Herb, Karlfriedrich (Hg.), Vom Gesellschaftsvertrag oder Prinzipien des Staatsrechts, Berlin 2000, S. 45–66.
Kirchgässner, Gebhard/Feld, Lars P./Savioz, Marcel R., Die direkte Demokratie. Modern, erfolgreich, entwicklungs- und exportfähig, München 1999.
Kitcher, Philip, Science, Truth, and Democracy, Oxford 2003.
Kizza, Immaculate, Africa's Indigenous Democracies. The Baganda of Uganda, in: Isakhan, Benjamin/Stockwell, Stephen (Hg.), The Secret History of Democracy, New York 2013, S. 123–135.

Klosko, George, Democratic Procedures and Liberal Consensus, Oxford 2004.

—, Political Obligations, Oxford 2005.

Kluxen, Kurt, Geschichte und Problematik des Parlamentarismus, Bd. 243, Frankfurt am Main 1983.

Knutsen, Carl H., Democracy and Economic Growth. A Survey of Arguments and Results, in: International Area Studies Review 15, Heft 4, 2012, S. 393–415.

Kriesi, Hanspeter, Direct Democratic Choice. The Swiss Experience, Lanham 2008.

Krousser, Thad/McCubbins, Mathew D., Social Choice, Crypto-Initiatives, and Policymaking by Direct Democracy, in: Southern California Law Review 78, Heft 4, 2005, S. 949–84.

Kühne, Alexander, Repräsentation enträtselt oder immer noch »The Puzzle of Representation«? Entwicklungen und Lehren aus unterschiedlichen Forschungsstrategien, in: Zeitschrift für Parlamentsfragen 3, 2013, S. 459–85.

Kymlicka, Will, Liberalism, Community, and Culture, Oxford UK 1989.

—, Multicultural Citizenship. A Liberal Theory of Minority Rights, Oxford 1996.

—, Politics in the Vernacular. Nationalism, Multiculturalism, and Citizenship, Oxford 2001.

Ladha, Krishna K., The Condorcet Jury Theorem, Free Speech, and Correlated Votes, in: American Journal of Political Science 36, Heft 3, 1992, S. 617–34.

Lafont, Cristina, Is the Ideal of Deliberative Democracy Coherent?, in: Besson, Samantha/Martí José L. (Hg.), Deliberative Democracy and Its Discontents, Aldershot 2006, S. 3-25.

Layne, Christopher, Kant or Cant. The Myth of Democratic Peace, in: International Security 19, 1994, S. 5–49.

Lee, Kuan Y., From Third World to First. The Singapore Story, 1965–2000, New York 2000.

Lincoln, Abraham, Gettysburg Address – Nicolay Copy. Library of Congress, Gettysburg Address, n.d. http://myloc.gov/Exhibitions/gettysburgaddress/exhibitionitems/Pages/Transcription.aspx?ex=1@d6db09e6-d424-4113-8bd2-c89bd42b1fad@1&asset=d6db09e6-d424-4113-8bd2-c89bd42b1fad:4ab8a6e6-eb9e-40f8-9144-6a417c034a17:13

Linder, Wolf, Direkte Demokratie, in: Klöti, Ulrich (Hg.), Handbuch der Schweizer Politik, Zürich 2006, S. 104–24.
Lippuner, Heinz, Demokratie aus indianischer Hand? Unsere Bundesverfassung und das Great Law of Peace der Irokesen-Konföderation, Schaffhausen 1999.
List, Christian/König-Archibugi, Mathias, Can There Be a Global Demos? An Agency-Based Approach, in: Philosophy & Public Affairs 38, Heft 1, 2010, S. 76–110.
List, Christian/Pettit, Philip, Aggregating Sets of Judgments. Two Impossibility Results Compared, in: Synthese 140, Heft 1/2, 2004, S. 207–35.
List, Christin/Goodin, Robert E., Epistemic Democracy. Generalizing the Condorcet Jury Theorem, in: Journal of Political Philosophy 9, Heft 3, 2001, S. 277–306.
Locke, John, The Second Treatise of Government, Indianapolis 1980.
MacCallum, Gerald C. Jr., Negative and Positive Freedom, in: Philosophical Review 76, 1967, S. 312–34.
Mackie, Gerry, Democracy Defended. Contemporary Political Theory, Cambridge 2003.
Maduz, Linda, Direct Democracy. Living Reviews in Democracy 2, 2010 http://www.livingreviews.org/lrd-2010-1.
Mandela, Nelson, Der lange Weg zur Freiheit, Frankfurt am Main 1994.
Manin, Bernard, Kritik der repräsentativen Demokratie, Berlin 2007.
–, Principes du Gouvernement représentatif, Paris 1996.
Mansbridge, Jane, Rethinking Representation, in: American Political Science Review 97, Heft 04, 2003, S. 515–28.
Mansbridge, Jane J./ University of Chicago Press (Hg.), Beyond Adversary Democracy, Chicago 1983.
–, Conflict and Self-Interest in Deliberation, in: Besson, Samantha/Martí, José L. (Hg.), Deliberative Democracy and Its Discontents, Aldershot 2006, S. 107–32.
Mansbridge, Jane J./Hatz-Karp, Janette/Amengual, Matthew/Gastil, John, Norms of Deliberation. An Inductive Study, in: Journal of Public Deliberation 2, Heft 1, 2006, S. 1–47.
Mansfield, Edward D./Snyder, Jack L./Belfer Center for Science and International Affairs, Electing to Fight. Why Emerging Democracies Go to War, Cambridge 2007.

Maoz, Zeev/Russett, Bruce M., Normative and Structural Causes of Democratic Peace, 1946–1986, in: American Political Science Review 87, Heft 3, 1993, S. 638–664.
Marongiu, Antonio, Q.O.T. Principe fondamental de la démocratie et du consentement aux XIVe siècle, in: Album Helen Maud Cam II, Louvain, 1961, S. 101–15.
Martí, José L., The Epistemic Conception of Deliberative Democracy Defended, in: Besson, Samantha/Martí, José L. (Hg.), Deliberative Democracy and Its Discontents, Aldershot 2006, S. 27–56.
Matland, Richard E./Studlar, Donley T., The Contagion of Women Candidates in Single-Member District and Proportional Representation Electoral Systems. Canada and Norway, in: The Journal of Politics 58, Heft 3, 1996, S. 707–33.
Matsusaka, John G., Direct Democracy and Social Issues, in: Social Science Research Network, 2007, S. 40.
–, Direct Democracy Works, in: Journal of Economic Perspectives 19, Heft 2, 2005, S. 185–206.
–, For the Many or the Few. The Initiative, Public Policy, and American Democracy, Chicago 2008.
May, Kenneth O., A Set of Independent Necessary and Sufficient Conditions for Simple Majority Decisions, in: Econometrica 20, Heft 4, 1952, S. 680–84.
Mény, Yves/Surel, Yves (Hg.), Democracies and the Populist Challenge, New York 2002.
Merkel, Wolfgang, Defekte Demokratien, in: Ders. (Hg.), Demokratie in Ost und West, Festschrift für Klaus von Beyme, Frankfurt am Main 1999, S. 361–81.
–, Systemtransformation. Eine Einführung in die Theorie und Empirie der Transformationsforschung, Wiesbaden 2006.
Merkel, Wolfgang/Croissant, Aurel/Thiery, Peter, Formale Institutionen und informale Regeln in illiberalen Demokratien, in: Politische Vierteljahresschrift 41, Heft 1, 2000, S. 3–33.
Mezey, Michael L., Representative Democracy. Legislators and Their Constituents, United States 2008.
Miller, David, Against Global Egalitarianism, in: Brock, Gillian/Moellendorf, Darrel (Hg.), Current Debates in Global Justice, Berlin/Heidelberg 2006, S. 55–79.

–, Citizenship and National Identity, Cambridge 2000.
–, Democracy's Domain, in: Philosophy & Public Affairs 37, Heft 3, 2009, S. 201–28.
–, Market, State, and Community. Theoretical Foundations of Market Socialism, Oxford 1990.
Misak, Cheryl, A Culture of Justification. The Pragmatist's Epistemic Argument for Democracy, in: Episteme 5, Heft 1, 2008, S. 94–105.
–, Truth and Democracy. Pragmatism and the Deliberative Virtues, in: Geenens, Raf/Tinnevelt, Ronald (Hg.), Does Truth Matter?, Dordrecht 2014, S. 29–39. http://www.springerlink.com/index/10.1007/978-1-4020-8849-0_3
Möllers, Christoph, Demokratie – Zumutungen und Versprechen, Berlin 2008.
Montesquieu, Charles L. de Secondat de, Vom Geist der Gesetze. Translated by Kurt Weigand, Stuttgart 1965.
Muhlberg, Steven, Republic and Quasi-Democratic Institutions in Ancient India, in: Isakhan, Benjamin/Stockwell, Stephen (Hg.), The Secret History of Democracy, New York 2011, S. 49–59.
Nagel, Thomas, The Problem of Global Justice, in: Philosophy & Public Affairs 33, Heft 2, 2005, S. 113–47.
Näsström, Sofia, The Challenge of the All-Affected Principle, in: Political Studies 59, Heft 1, 2011, S. 116–34.
Negt, Oskar, Nur noch Utopien sind realistisch. Politische Interventionen, Göttingen 2012.
Neumann, Peter, Sachunmittelbare Demokratie im Bundes- und Landesverfassungsrecht unter besonderer Berücksichtigung der neuen Länder, Baden-Baden 2009.
Nicolaïdis, Kalypso, European Demoicracy and Its Crisis, in: Journal of Common Market Studies 51, Heft 2, 2013, S. 351–69.
–, The New Constitution as European »Demoi-Cracy«?, in: Critical Review of International Social and Political Philosophy 7, Heft 1, 2004, S. 76–93.
Nicolaïdis, Kalypso/Shaffer, Gregory, Transnational Mutual Recognition Regimes. Governance without Global Government, in: Law and Contemporary Problems 68, Heft 3/4, 2005, S. 263–317.
Nohlen, Dieter, Wahlrecht und Parteiensystem. Zur Theorie und Empirie der Wahlsysteme, Leverkusen 2013.

Nozick, Robert, Anarchy, State and Utopia, New York 1974.

Nurmi, Hannu, Voting Paradoxes and How to Deal with Them, Berlin 1999.

Olson, Mancur, The Logic of Collective Action. Public Goods and the Theory of Groups, Cambridge MA 1971.

O'Neill, Martin/Williamson, Thad (Hg.), Property-Owning Democracy. Rawls and Beyond, Malden MA 2012.

Owen, David, Constituting the Polity, Constituting the Demos. On the Place of the All Affected Interests Principle in Democratic Theory and in Resolving the Democratic Boundary Problem, in: Ethics and Global Politics 5, Heft 3, 2012, S. 129–52.

–, Resident Aliens, Non-Resident Citizens and Voting Rights. Toward a Pluralist Theory of Transnational Political Equality and Modes of Political Belonging, in: Calder, Gideon/Cole, Philipp/Seglow, Jonathan (Hg.), Citizenship Acquisition and National Belonging. Migration, Membership and the Liberal Democratic State, London 2010, S. 52–73.

–, How Liberalism Produces Democratic Peace, in: International Security 19, 1994, S. 87–125.

Parfit, Derek, Reasons and Persons, Oxford 1987.

Parijs, Philippe van, The Disfranchisement of the Elderly, and Other Attempts to Secure Intergenerational Justice, in: Philosophy and Public Affairs 27, Heft 4, 1998, S. 292–333.

–, Real Freedom for All What (if Anything) Can Justify Capitalism?, Oxford 1995.

–, Why Surfers Should Be Fed. The Liberal Case for an Unconditional Basic Income, in: Philosophy & Public Affairs 20, 1991, S. 101–31.

Peter, Fabienne, Democratic Legitimacy and Proceduralist Social Epistemology, in: Politics, Philosophy, and Economics 6/3, 2007, S. 329–53.

Pettit, Philip, On the People's Terms. A Republican Philosophy of Democracy, Cambridge 2012.

–, Republicanism. A Theory of Freedom and Government, Oxford 1997.

Phillips, Anne, The Politics of Presence, Oxford 1995.

Pitkin, Hanna F., The Concept of Representation, United States/University of California Press 1967.

Plato, Der Staat. Translated by Dietrich Kurz, Darmstadt 1971.

Post, Gaines, A Roman-Legal Theory of Consent, in: Wisconsin Law Review, 1950, S. 66–78.

–, A Romano-Canonical Maxim. Quod Omnes Tangit in Bracton and Early Parliaments, in: Post, Gaines (Hg.), Studies in Medieval Legal Thought. Public Law and the State, Princeton 1964, S. 163–238.

Przeworski, Adam, Democracy and the Market. Political and Economic Reforms in Eastern Europe and Latin America. Studies in Rationality and Social Change, Cambridge 1991.

–, Minimalist Conception of Democracy. A Defense, in: Dahl, Robert A./Shapiro, Ian/Cheibub, José A. (Hg.), The Democracy Source Book, Cambridge 2003, S. 12–17.

–, The Poor and the Viability of Democracy, in: Krishna, Anirudh (Hg.), Poverty, Participation, and Democracy, Cambridge 2008, S. 125–146.

Rakove, Jack, Did the Founding Fathers Really Get Many of Their Ideas of Liberty from the Iroquois?, in: George Mason University, History News Network vom 7. November 2005. http://historynewsnetwork.org/article/12974

Rawls, John, A Theory of Justice, Cambridge 1971.

–, A Theory of Justice. Revised edition, Cambridge 1999.

–, Justice as Fairness. A Restatement. Edited by Erin Kelly, Cambridge 2001.

–, Political Liberalism. Expanded Edition, New York 2005.

Renner, Egon/Kruse, Boris, Die irokesische Konföderation im 17. Jahrhundert. Gesellschaft, Kriegführung und Politik, in: Magazin Für Amerikanistik, 2004, Vol. 1/2004–2/2004.

Riker, William H., Liberalism Against Populism. A Confrontation between the Theory of Democracy and the Theory of Social Choice, Prospect Heights Ill 1988.

–, The Art of Political Manipulation, New Haven 1986.

Roemer, John E., Egalitarian Perspectives. Essays in Philosophical Economics, Cambridge UK 1996.

–, Thoughts on Arrangements of Property in Productive Assets, in: Analyse & Kritik 35, Heft 1, 2013, S. 55-63.

Roesch Wagner, Sally, The Iroquois Influence on Women's Rights, in: Barreiro, José (Hg.), Indian Roots of American Democracy, Ithaca NY 1992, S. 115–34.

Rorty, Richard, Der Vorrang der Demokratie vor der Philosophie, in: Zeitschrift für philosophische Forschung 42, Heft 1, 1988, S. 3–17.

Rosato, Sebastian, Explaining the Democratic Peace, in: American Political Science Review 99, Heft 3, 2005, S. 467–72.
–, The Flawed Logic of Democratic Peace, in: American Political Science Review 97, Heft 4, 2003, S. 585–602.
Rousseau, Jean-Jacques, Du contrat social. Écrits politiques. Edited by Bouchardy, François/Gagnebin, Bernard/Raymond, Marcel, Paris 1996.
Ruggie, John G., Multilateralism. The Anatomy of an Institution, in: Multilateralism Matters. The Theory and Praxis of an Institutional Form, New York 1993.
Rupprecht, Isabel, Das Wahlrecht für Kinder. Verfassungsrechtliche Zulässigkeit und praktische Durchführbarkeit, Nomos 2012.
Russett, Bruce M., Triangulating Peace. Democracy, Interdependence, and International Organizations, New York 2001.
Sartwell, Crispin, Against the State. An Introduction to Anarchist Political Theory, New York 2008.
Saward, Michael, Democracy. Key Concepts, Cambridge UK 2003.
Schaal, Gary S., Postdemokratie. Tatsächlich?, in: Magazin Erwachsenenbildung.at 11, Heft November, 2010, S. 1–11.
Schaal, Gary S./Heidenreich, Felix, Quality versus Equality? Liberale und deliberative Ideale politischer Gleichheit, in: Österreichische Zeitschrift für Politikwissenschaft 36, Heft 1, 2007, S. 23–38.
Scherz, Antoinette, The Legitimacy of the Demos. Who Should Be Included in the Demos and on What Grounds?, in: Living Reviews in: Democracy 4 vom 24 Mai 2013. http://democracy.livingreviews.org/index.php/lrd/article/view/25
Schiller, Friedrich, Demetrius. Schillers Werke, Bd. 11, Weimar 1971.
Schiller, Theo, Direkte Demokratie. Eine Einführung, Frankfurt am Main 2002.
Schmidt, Manfred G., Demokratietheorien. Eine Einführung, Wiesbaden 2010.
Schmitt, Carl, Die geistesgeschichtliche Lage des heutigen Parlamentarismus [1926], Berlin 1996.
Schrecker, John E., The Chinese Revolution in Historical Perspective, Westport 2004.
Schumpeter, Joseph, Capitalism, Socialism and Democracy, Routledge 2006.

—, Sozialistische Möglichkeiten von heute, in: Archiv für Sozialwissenschaft und Sozialpolitik 48, 1922, S. 305–60.

Sen, Amartya, Equality of What?, in: The Tanner Lectures on Human Values 1, 1980, S. 197–221.

—, Democracy and its Global Roots. Why Democratisation is not the same as Westernisation, in: The New Republic 229, Heft 14, 2003, S. 28–35.

—, Democracy as a Universal Value, in: Journal of Democracy 10, Heft 3, 1999, S. 3–17.

—, Rational Fools: A Critique of the Behavioral Foundations of Economic Theory, in: Philosophy and Public Affairs 6, 1977, S. 317–344.

Shapiro, Ian, Enough of Deliberation. Politics Is about Interests and Power, in: Macedo, Stephen (Hg.), Deliberative Politics. Essays on Democracy and Disagreement, Oxford 1999, S. 28–38.

Shklar, Judith N., American Citizenship. The Quest for Inclusion, Cambridge 1995.

Simmel, Georg, Die Überstimmung, in: Vossische Zeitung. Königlich Privilegierte Berlinische Zeitung von Staats- und gelehrten Sachen vom 23 Februar 1907. http://socio.ch/sim/verschiedenes/1907/ueberstimmung.htm [zuletzt abgerufen am 11.8.2015].

Smith, Daniel A., Educated by Initiative. The Effects of Direct Democracy on Citizens and Political Organizations in the American States. Ann Arbor 2004.

Smith, Daniel A./Tolbert, Caroline J., The Instrumental and Educative Effects of Ballot Measures. Research on Direct Democracy in the American States, in: State Politics and Policy Quarterly 7, Heft 4, 2007, S. 417–46.

Snow, Dean R., The Iroquois, Oxford 1994.

Spinoza, Baruch de, Politischer Traktat. Tractatus politicus, Hamburg 1994.

Spiro, David E., The Insignificance of the Liberal Peace, in: International Security 19, 1994, S. 50–86.

Steiner, Jürg, The Foundations of Deliberative Democracy. Empirical Research and Normative Implications, Cambridge 2012.

Stilz, Anna, On Colonialism and Self-Determination, Manuskript 2013. http://www.law.yale.edu/documents/pdf/Intellectual_Life/LTW-Stilz.pdf [zuletzt abgerufen am 11.8.2015].

Stockwell, Stephen, Before Athens. Early Popular Government in Phoenicia and Greek City-States, in: Isakhan, Benjamin/Stockwell, Stephen (Hg.), The Secret History of Democracy, New York 2011, S. 35–48.
Stone, Peter, Lotteries in Public Life. A Reader, Andrews UK 2011.
–, The Luck of the Draw. The Role of Lotteries in Decision-Making, Oxford 2011.
Stürmer, Stefan, Soziale Repräsentation von Bürgerprotesten. Die Wutbürger – soziale Realität, Feuilleton-Chimäre oder politischer Kampfbegriff?, in: Politische Psychologie 1, Heft 1, 2011, S. 9–18.
Sudgen, Robert, Opportunity as a Space for Individuality. Its Value and the Impossibility of Measuring It, in: Ethics 114, Heft 4, 2004, S. 783–809.
Sunstein, Cass R., The Law of Group Polarization, in: Journal of Political Philosophy 10, Heft 2, 2002, S. 175–95.
Surowiecki, James, The Wisdom of Crowds, New York 2005.
Sutherland, Keith, A People's Parliament. A (Revised) Blueprint for a Very English Revolution. Luck of the Draw, Charlottesville 2008.
Szpiro, George, Die verflixte Mathematik der Demokratie. Translated by Markus Junker, Berlin 2011.
Talisse, Robert B., Democracy After Liberalism: Pragmatism and Deliberative Politics, London 2004.
–, A Pragmatist Philosophy of Democracy, London 2007.
Taylor, Charles, Reconciling the Solitudes. Essays on Canadian Federalism and Nationalism, Montréal 1993.
Taylor, Quentin, Descartes's Paradoxical Politics, in: Humanitas XIV, Heft 2, 2001, S. 76–103.
Thapar, Romila, Early India. From the Origins to AD 1300, London 2002.
Thompson, Mark R., Democratic Revolutions. Asia and Eastern Europe, London 2004.
Tolbert, Caroline J., The Educative Effects of Ballot Initiatives on Voter Turnout, in: American Politics Research 33, Heft 2, 2005, S. 283–309.
Tooker, Elizabeth, The United States Constitution and the Iroquois League, in: Clifton, James A. (Hg.), The Invented Indian. Cultural Fictions and Government Policies, New Brunswick 1990.
Ulbig, Stacey, Gendering Municipal Government. Female Descriptive Representation and Feelings of Political Trust, in: Social Science Quarterly 88, Heft 5, 2007, S. 1106–23.

Vatter, Adrian (Hg.), Vom Schächt- zum Minarettverbot. Religiöse Minderheiten in der direkten Demokratie, NZZ Libro, Zürich 2011.

Vatter, Adrian/Danaci, Deniz, Mehrheitstyrannei durch Volksentscheide? Zum Spannungsverhältnis zwischen direkter Demokratie und Minderheitenschutz, in: Politische Vierteljahresschrift 51, Heft 2, 2010, S. 205–22.

Vorländer, Hans, Demokratie. Geschichte, Formen, Theorien, München 2010.

Wagner, Thomas, Irokesen und Demokratie. Ein Beitrag zur Soziologie interkultureller Kommunikation, Münster 2004.

Waldron, Jeremy, The Dignity of Legislation, Cambridge 1999.

Walzer, Michael, Spheres of Justice. A Defense of Pluralism and Equality, New York 1983.

Wängnerud, Lena, Women in Parliaments. Descriptive and Substantive Representation, in: Annual Review of Political Science 12, Heft 1, 2009, S. 51–69.

Warren, Mark E., Deliberative Democracy and the Corruption of Speech. APSA 2012 Annual Meeting Paper 2012. http://papers.ssrn.com/sol3/papers.cfm?abstract_id=2104776## [zuletzt abgerufen am 11.8. 2015].

—, Exit Based Empowerment in Democratic Theory, 2009. http://www.politics.ubc.ca/fileadmin/template/main/images/departments/poli_sci/Faculty/warren/Exit_Based_Empowerment_in_Democratic_Theory_08-25-09.pdf

Warren, Mark/Pearse, Hilary (Hg.), Designing Deliberative Democracy. The British Columbia Citizens' Assembly. Theories of Institutional Design, Cambridge UK 2008.

Waters, Dane M., Initiative and Referendum Almanac, Durham 2003.

Weale, Albert P., Democracy, Basingstoke 2007.

Weiler, Joseph H.H., The State ›Über Alles‹, Harvard 1995.

Weissberg, Robert, Collective vs. Dyadic Representation in Congress, in: American Political Science Review 72, Heft 2, 1978, S. 535–47.

Whelan, Frederick G., Prologue. Democratic Theory and the Boundary Problem, in: Nomos XXV. Liberal Democracy, New York 1983, S. 13–47.

Williamson, Thad/O'Neill, Martin, Property-Owning Democracy and the Demands of Justice, in: Living Reviews in Democracy, 2009, S. 1–10.
Wilson, Edmund, Abbitte an die Irokesen, München 1974.
Young, Iris M., Inclusion and Democracy, Oxford 2000.
–, Justice and the Politics of Difference, Princeton 1990.
–, Self-Determination as Non-Domination, in: Ethnicities 5, Heft 2, 2005, S. 139–59.
Zakaria, Fareed, Das Ende der Freiheit? Wieviel Demokratie verträgt der Mensch?, Frankfurt am Main 2005.

Personenregister

Sachregister

Francis Cheneval ist ordentlicher Professor für Politische Philosophie an der Universität Zürich. Buchveröffentlichungen u.a.: *Philosophie in weltbürgerlicher Bedeutung* (2002), *The Government of the Peoples. On the Idea and Principles of Multilateral Democracy* (2011).